Preis für
politische Lyrik
2015

Preis für politische Lyrik 2015

5. Wettbewerb
2015 / 2016

edition bodoni

Impressum

© Sammelband Jörn Sack, 2016

Künstlerische Leitung & Konzeption
Klaus Johne (†) – edition bodoni – www.edition-bodoni.de

Layout
Marc Johne

Einbandabbildungen
Luise Galm – www.luisegalm.com

Gesamtherstellung
typowerk 2016

ISBN 978-3-940781-69-7

INHALTSVERZEICHNIS

VORWORTE	7	Anmerkungen des Stifters zum fünften Wettbewerb
	13	Ein Vorwort aus der Geschichte
GEDICHTE DER NOMINIERTEN	17	Uwe Brosch
	21	Siegmar Faust
	25	Vinzenz Fengler
	31	Bernd Marcel Gonner
	43	Hans-Joachim Griebe
	47	Paul-Hermann Gruner
	51	Monika Littau
	57	Lorenz Loos
	61	Frank Norten
	69	Rainer Rebscher
	73	Karla Reimert
	75	Irena Stojanova
	79	Alexander Stopp
	89	Paul M. Waschkau
	96	Wolfgang Wurm
AUSGEWÄHLTE GEDICHTE ANDERER TALENTE	101	Daniel Buess
	103	Werner Lutz Kunze
	107	Sarah Nitschmann
	109	Sandra Overlack
	111	Manfred Schwab

Jörn Sack

ANMERKUNGEN DES STIFTERS ZUM FÜNFTEN WETTBEWERB

Wann, wenn nicht in dieser bewegten Zeit, sollte politische Lyrik, soweit sie überhaupt noch einen Sinn erfüllt, ihre Wiedergeburt feiern?

Sie hatte in Deutschland seit Walther von der Vogelweide bis hin zu Brecht und Biermann eine lange, stolze Tradition und belegte, dass Minnesang, Weltschmerz, Innerlichkeit und Biedermeier selbst zur Zeit ihrer jeweiligen Hochblüte geistig nicht allein den Ton angaben. In den 70er Jahren des vorigen Jahrhunderts jedoch erstarb die politische Lyrik im Westen; nur in der DDR gab es ein leises Fortwirken.

Ich mache mir nichts vor: Die Polly-Wettbewerbe zeigen zwar ein Bedürfnis und Interesse an politischer Dichtung, denn es gab wiederum die hohe Zahl von 648 Einsendungen mit erstmals mehr weiblichen als männlichen Teilnehmern; doch sie haben aus künstlerischer Sicht das Genre noch nicht wiederbelebt und sicher kaum Breitenwirkung erzielt.[1] Dazu fehlt es bisher einfach an Herausragendem – und sei es nur in Form eines einzigen, ganz starken Gedichts. Auch sonst hat sich, abgesehen von Günter Grass' letztem (und meiner Ansicht nach aus durchsichtigen Gründen viel geschmähtem) Bemühen ('Was gesagt werden muss') wenig getan. Eine noch so großartige Tradition kann allein nicht das Fortleben einer Kunstgattung sichern, mag sie auch aus unserer Geschichte eine ständige Aufforderung an uns richten. Vielleicht gibt

---

[1] Immerhin wandten sich die 'Zeit' und eine Tagung der Evangelischen Akademie Loccum vor einiger Zeit dem Thema zu.

ANMERKUNGEN DES STIFTERS ZUM FÜNFTEN WETTBEWERB

JÖRN SACK

es zwischen der Großen Prosa und dem Theater, die Lebensfragen, einschließlich der gesellschaftlichen, breit und grundlegend angehen, und dem an der Tagespolitik ausgerichteten Kabarett für die politische Lyrik tatsächlich keinen gesicherten Lebensraum mehr. Man wird gegebenenfalls konstatieren müssen, dass für die reine Dichtung, will sie erfolgreich sein, wie etwa die kürzlich ausgezeichneten Monika Rinck und Jan Wagner belegen, nur das Idyll, Selbstversunkenheit oder Blindflug mit Sprachakrobatik und Finassieren bleiben; dass das Wagnis, dem sich politische Lyrik aussetzt, die Wirklichkeit des Lebens – und zwar des gesellschaftlichen – zu packen, notwendig ihre Qualität mindert, wie es die Kunstkritik dem genannten Gedicht des alten Grass bescheinigt hat. Schon Goethe bemerkte ja zu Eckermann: Der Politiker in Uhland werde den Dichter rasch verkümmern lassen. Seltsam nur, dass dies für das lyrischste Theater, die Oper, nicht gilt. Sie zieht bis heute ihre Stoffe vielfach aus gesellschaftlichen, oft sehr aktuellen Konflikten. Ein Symposium über ‚Oper und Politik' der Deutschen Oper Berlin hat es im letzten November deutlich gemacht.

Vielleicht schlägt sich die Einsamkeit des literarisch-lyrischen Schaffens unabdinglich im Stoff nieder. Doch warum war es früher anders? Wirkte damals Lyrik auf ein breiteres Publikum und war schon von daher als gesellschaftspolitisches Medium interessant? Die Frage bleibt gestellt.

Die meisten Einsendungen beschäftigten sich, wie könnte es anders sein, mit den Flüchtlingsströmen und Flüchtlingstragödien der letzten Jahre. Leider blieb die

ANMERKUNGEN DES STIFTERS ZUM FÜNFTEN WETTBEWERB

JÖRN SACK

künstlerische Bewältigung fast durchweg unzureichend, und keines der vielen hundert Werke zu diesem Thema kam deshalb in die engere Auswahl. Nur in der Anlage finden sich zwei Einsendungen dazu, eine davon ein Prosatext. Die Erkenntnis ist bedauerlich und stellt im Grunde einen Mangel des vorliegenden Bandes dar. Aber Engagement und Herzblut allein bringen nun einmal noch kein gutes Gedicht hervor.

Ich will deshalb einmal sehr konkret, ja aufdringlich didaktisch werden und am Beispiel eines der berühmtesten Werke deutscher politischer Lyrik, Heines ‚Weberlied', das Ungenügen vieler Einsendungen illustrieren. Das Original beginnt so:

Im düstern Auge keine Träne,
Sie sitzen am Webstuhl und fletschen die Zähne:
Deutschland, wir weben dein Leichentuch,
wir weben hinein den dreifachen Fluch –
Wir weben, wir weben.

Den Auftakt zu Heines Gedicht bildet ein starkes, sehr konkretes Bild, das aber schon in der dritten Zeile unvermittelt und heftig ins allgemein Politische übergeht. Das Elend der schlesischen Weber ist für Heine Symptom des erbärmlichen Zustands einer ganzen Gesellschaft. Folglich macht das Gedicht in den folgenden Strophen Gott, König und Vaterland als Werte dieser Gesellschaft nieder.

Man könnte das Thema auch anders angehen und es damit vom Ansatz her wirkungslos machen, wie meine bewusst unbeholfene Nachdichtung aufzeigt:

ANMERKUNGEN DES STIFTERS ZUM FÜNFTEN WETTBEWERB

Jörn Sack

Die schlesischen Weber sind elend dran,
Sie nagen am Hungertuch.
Der Webstuhl ernährt nicht mehr seinen Mann,
drum stößt er aus einen dreifachen Fluch
und webt und webt und webt.

Ich möchte es zur gedanklichen Anregung für die weitere lyrische Arbeit jedem selbst überlassen, die beiden sehr ungleichwertigen Texte im Einzelnen zu vergleichen und vielleicht eine eigene, möglichst bessere Nachdichtung zu versuchen. Keine einfache Sache, aber nützlich für die weitere Arbeit an aktuellen Stoffen.

Interessant ist, dass politische Lyrik dieser Tage die Auferstehung einer Kategorie von Dichtung erzwingt, die nach Brecht fast völlig verloren ging: der Ballade. Viele Einsendungen haben diese einmal hoch im Ansehen stehende Form gewählt. Die besondere Schwierigkeit dabei ist, mit der die Ballade, ein episches Gedicht, auszeichnenden Inbrunst[2] zurechtzukommen, obwohl sie unserer Zeit so gar nicht schmeckt. Die parodistische Verfremdung, die Brecht dafür eingesetzt hat, ist nicht jedermanns Sache und eignet sich auch nicht für alle Gegenstände. Wie auch immer, jedenfalls ist die Wiederbelebung der Ballade im Rahmen politischer Lyrik eine faszinierende Aufgabe, mögliches Scheitern eingeschlossen. Man kann es verkürzt so sa-

---

[2] Ich ziehe diesen kräftigen deutschen Begriff dem edleren, aber verschwommeneren Begriff des Pathos vor.

ANMERKUNGEN DES STIFTERS ZUM FÜNFTEN WETTBEWERB

JÖRN SACK

gen: Ohne eine neue Kunst der Ballade wird es keine erfolgreiche neue politische Lyrik geben.

Was will, was soll politische Lyrik? Sie ist Kunst, die sich *nicht* selbst genug ist, aber im Gegensatz zum Essay eindeutig an die Emotion appelliert. Sie soll deshalb klassischerweise begeistern, preisen, anklagen, bloßstellen, verhöhnen, betrauern; heute zunehmend: erfassen, durchschauen, brandmarken, zubeißen, manchmal bloß reflektieren. Aber beim Letzteren wird es schwierig, weil die Emotion verloren geht. Ist politische Lyrik gelungen, lädt sie zu musikalischer Untermalung fast von selbst ein. Die Ingredienzen, deren es dazu bedarf, hat Brecht mit ganz anderer Zielrichtung in der ersten Strophe seines heute als ‚Kinderhymne' bekannten Textes, der den Versuch zu einer Nationalhymne neuen Stils darstellte, vorgegeben:
Anmut sparet nicht noch Mühe / Leidenschaft nicht noch Verstand

Betrachtet man von daher die Einsendungen, so fehlt es den wenigsten an Leidenschaft; viele zeichnet auch Verstand aus. Aber mit der Mühe (die man in einem Gedicht nie spüren, aber doch erkennen muss) und vor allem der Anmut hapert es oft.

Wie in bisher allen Wettbewerben zeigte sich auch dieses Mal, dass den Autoren die Utopie gänzlich und selbst die Zuversicht weitgehend abhandengekommen sind, obwohl sie gerade für die Bewältigung der Flüchtlingskrise dringend gebraucht würden. Manchmal möchte man fast meinen, wir lebten trotz des materiellen Erfolgs unserer Gesellschaftsordnung in der

JÖRN SACK

ANMERKUNGEN DES STIFTERS ZUM FÜNFTEN WETTBEWERB

schlechtesten aller Welten und Zeiten. Es herrscht Untergangsstimmung.

Dabei durchzieht nahezu alle Werke eine große Sehnsucht nach Frieden, Freiheit, Gerechtigkeit, Universalität und Geborgenheit. Allerdings wird meist übersehen, dass zwischen den letzten beiden eine ähnlich schwer abzugleichende Spannung besteht wie zwischen Freiheit und Gleichheit. Diese Spannung, die vielleicht Unverträglichkeit bedeutet, ist praktisch nie herausgearbeitet worden. Dabei ist es ein schönes Thema. Gibt es zwischen Kosmopolitismus und Kiez (notwendige) Verbindungsstücke? Für die meisten Völker der Welt ist das wohl keine Frage. Uns Deutschen aber sind Familie, Religion und Nation, abgestandene, verranzte Begriffe. Stehen wir damit für die Avantgarde gesellschaftlicher Entwicklung oder eher zunehmend wurzellos und somit hilflos da in einer vom technischen Fortschritt getriebenen Zeit?

Jörn Sack

EIN VORWORT AUS DER GESCHICHTE

Leipziger Hochverratsprozess gegen Wilhelm Liebknecht und August Bebel 1872

Präsident: Revolutionären Zeiten pflegt immer eine Gattung von Gedichten vorauszugehen, welche die herannahenden Stürme prophezeien. Solche Gedichte erschienen vor 1848 und ein Teil davon befindet sich im ‚Volksstaat' von 1870.
Ich werde nun einige daraus zur Verlesung bringen lassen und zwar zunächst aus Nr. 23 das Freiligrath'sche: ‚Die Todten an die Lebenden' mit dem Datum Düsseldorf Juli 1848, ferner aus Nr. 25 das ‚Arbeiterlied' von Georg Herwegh, aus Nr. 29 das zu London, Februar 1847 datierte Freiligrath'sche Gedicht ‚Irland', aus Nr. 44 ‚Schafot – Zuchthaus' von Herwegh, aus Nr. 47 ‚Arm und Reich', aus Nr. 79 ‚Roth', aus Nr. 86 ‚Brot' von Freiligrath und aus Nr. 90 ‚Blum' von demselben Dichter, datiert Köln, den 16. November 1948.

(Die Gedichte werden verlesen)

Diese Gedichte sind sämmtlich im ‚Volksstaat' in der Zeit vom 19. März bis zum 9. November abgedruckt. Aus welchem Grunde und warum gerade in dieser Zeit?

Liebknecht: Ich wollte das Volk an eine große Zeit und an seine großen Männer erinnern.

Präsident: An die Gedenktage der Revolution!

Liebknecht: Allerdings wollte ich an eine Revolution erinnern, aber an eine gewesene, nicht eine zu machende – eine Revolution sogar, welcher der heutige Staat manche Institution verdankt. Zum Beispiel säße

EIN VORWORT AUS DER GESCHICHTE

LEIPZIGER HOCHVERRATSPROZESS GEGEN WILHELM LIEBKNECHT UND AUGUST BEBEL 1872

ohne jene Revolution der hohe Schwurgerichtshof wohl nicht hier beisammen, um in einem politischen Prozess Urteil zu sprechen.

(Wilhelm Liebknecht war der Vater des 1919 zusammen mit Rosa Luxemburg ermordeten Karl Liebknecht.)

NOMINIERTE GEDICHTE

Alphabetisch nach Namen der Autoren geordnet

Uwe Brosch

GESCHICHTLICHES

1959 in Essen geboren. Lebt in Neukirchen-Vluyn am Niederrhein.

Seit vielen Jahren Autor und Songschreiber. Mehrere CDs, Bücher und auch Kindermusiktheaterstücke, die in verschiedenen Verlagen veröffentlicht sind.

Auszeichnung für Arbeiten, zuletzt 2013 über die Verleihung des Kempener Literaturpreises.

das war ist zwar kein ist,
doch ist, wenn ist vergisst,
dass war nun einmal war
(und ist so auch gebar),
das ist sehr trist nicht nur –
es pfeift auch aufs futur.

Uwe Brosch # NOT

ist ein wort

aber eigentlich
ist sie
ein zustand
eine situation

als wort schafft es
abstand und
nachrichten

außer
sie trifft
dich

Uwe Brosch

ZEITGEIST

immer auf der flucht
so richtig gesehen
hat ihn noch niemand

fragen weicht er grundsätzlich aus
und das zuhören ist seine sache nicht
er gibt sich angesagt

sein lieblingswort ist man
und er behauptet sich hartnäckig
wie ein gerücht

so treibt er sein geschäft
oder
treibt es das geschäft mit ihm

ALLE MENSCHEN SIND GLEICH

Siegmar Faust

Geboren 1944 in Dohna. 1966 aus politischen Gründen vom Kunst- und Geschichtsstudium exmatrikuliert; später Studium am Literaturinstitut „Johannes R. Becher"; 1968 aus politischen Gründen aufgegeben. 1968 Gründung einer Künstlergruppe; 1971 zeitweise Verhaftung wegen literarischer Westkontakte. 1974 erneute Verhaftung und Verurteilung wegen einer Petition, in der er die Verweigerung der Menschenrechte in der DDR anprangerte. Nach insgesamt 33 Monaten Freiheitsberaubung konnte er im September 1976 als Freigekaufter in die Bundesrepublik ausreisen.

der eine will dahin, die andere dorthin
die eine lebt für ihren Glauben, der andere führt seinen Kampfhund aus
der eine forscht für die Pharmaindustrie, die andere trägt ihren Busen zur schau
die eine spielt Fußball, der andere lässt sich gehen
der eine wurde promoviert, die andere ist taub und stumm
die eine regiert ein Land, der andere zockt Automaten ab
der eine dient bei der Bundeswehr, die andere sitzt als Mörderin im Knast
die eine gewinnt eine Reise nach Mallorca, der andere nimmt sich den Strick
der eine will die Welt retten, die andere betrügt ihren Mann
die eine spielt Lotto, der andere studiert Theologie
der eine will hoch hinaus, die andere taucht gern in den Tiefen der Stille
die eine hat noch ihr Leben vor sich, der andere kann es nicht lassen
der eine will eine Frau sein, die andere ein Mann
die eine kann und will nicht, der andere will und kann nicht
der eine sieht schwarz, die andere rot,
die eine ist schon jahrelang tot, der andere wurde heute abgetrieben
der eine zieht seinen Schwanz ein, die andere vergnügt sich im Konsumrausch
die eine feminisiert die Sprache, der andere sucht sprachlos das Weite
der eine will alle Menschen gleich schalten, die eine oder andere flippt aus…

Siegmar Faust

OFFENBARUNG

Verfassungsschützer – fahrt eure Löffel aus!

Ich bin antidemokratisch, also gefährlich und reaktionär, denn ich wünsche mir den alten Kaiser Barbarossa wieder her.

Außerdem bin ich archaisch und faschistisch, kein Freund der Konzentration von Ausländern im eignen Lager, verspotte Kulti-Multi und Mohammed dazu,

das heißt: ich bin ein hundsgemeines Schwein und sehe absolut nichts ein.

Weiterhin bin ich eifriger Leser der „Jungen Freiheit", obwohl ich schon ein alter Knacker bin. Ich mag Leute wie Martin Hohmann, Paul Kirchhof oder Dieter Stein und verachte die 68er wie die Pest, dazu den

ganzen Rest.

Ich bin furchtlos, aber fruchtbar, habe sechs Kinder und zehn Enkel und war noch nie beim Zahnarzt, obwohl ich durchaus bissig bin. Ich kurbele keine Wirtschaft an, denn ich meide jeden Frisör und brauche auch keinen Likör.

Ich habe nicht die rechte, soll heißen: linke Gesinnung, denn ich glaube nicht ans Paradies auf Erden; die Hölle kann nicht attraktiver werden. Mein Leben sucht sich immer einen Weg über Abgründe auf einem morschen Steg.

Wohin die Reise geht, das kann jeder fragen. Der Vorlauf zum Tod ist ein philosophischer Begriff, der nichts am Zufall oder dem Verlauf des Lebens ändert – oder doch? Sogar Sterne stürzen in ein schwarzes Loch.

Es hilft uns kein Jammer, nur Mitleid mit der eigenen Statur. Ich glaube an Jesus Christus, das ist schon viel. Denn Gott bleibt uns allen verborgen. Ansonsten bleibe ich subversiv, farbenprächtig und stur. Um diesen Ast rankt sich meine Natur.

Siegmar Faust

PARDON, ICH GEBE ZU:

Ich bin ein Sünder, ein Bock, ein Lustlümmel und Rassist,
ich bin mein eigener Fan, ein Faun auf eigene Faust,
ein Faschingsfetischist, also ein Faschist, ein „Nazi in Nadelstreifen",
ich bin ausländerfeindlich, homophil und setze den Islam herab,
ich bin ein militanter Zivilist und liebe dumpfe Parolen,
ich bin maskulin und atemberaubend unverschämt,
ich bin ein Hass-Kommentator und schreie die Lügenpresse herbei,
ich bin der Abschaum, eine ekelerregende Störquelle,
ich bin politisch völlig unkorrekt, aber mustergültig unpolitisch,
ich bin das Pack, das ohne Bedenken Böses dabei denkt,
ich liebe meine eigene peinlich-verkrampfte Ironie,
ich scheiße auf das, was sich in Brüssel Demokratie nennt,
ich schwinge die Großmaulkeule gegen das sogenannte Gute,
ich bin ein Kriegstreiber, Volksverhetzer, resistent gegen Fakten,
ich bin eine Schande für Europa, wenn nicht gar der ganzen Welt,
ich bin ein unqualifizierter Rechtsaußen, eine Ratte der Nation,
ich geize nicht mit Fäkalausdrücken und lebe vom Ressentiment,
ich lästere, was das Zeug hält und schere mich um alles, also um nichts,
ich kann es nicht ertragen, wenn man in gleicher Weise über mich

Siegmar Faust

PARDON, ICH GEBE ZU:

herzieht, wie ich über Politikern den Staubwedel schwenke,
ich bin auch bloß ein Mischpoke und inhaliere den Zeitgeist,
ich verarsche mich selber nach Strich und Faden,
ich bin die geheuchelte Empörung und die Inflation der Begriffe,
ich pflege die Arroganz des Establishments in Potenz,
ich lebe von Verschwörungstheorien wie andere von heißer Luft,
ich hasse Kultimulti und am meisten mich, aber auch dich.
Lieber Gott, rette meine reine Seele an diesem schwarzen Abend,
denn mir graut es vor dem roten Morgen.

Vinzenz Fengler

WILLKOMMENS-KULT-UHR-ZEIT

geboren 1969 in Hoyerswerda, lebt und arbeitet seit 2001 in Berlin, schreibt Lyrik, Prosa und Stücke, ist Initiator und Mitherausgeber der Zeitschrift „Segeblatt", weitere künstlerische Arbeitsschwerpunkte sind die analoge Photographie, Performance und Video. Veröffentlichungen in Literaturzeitschriften und Anthologien.

das verlogene
unter den kutten
der wahren anteil
nahme hat zu
stinken begonnen
nach mit nahme
effekten selbst
leid fürs karma
klingel gebeutelte
ablass gewissen
stehen schlange
im eigenen gemischt
waren laden der
selbst beweih
räucherung fremd
geleitet ich bezogen
ein gekuschelt lieb
gehabt das gute
am fremden
schlechten kult
uhren die im gleich
schritt ticken
abends morgens
ländlich um nicht
land zu sagen
sprechen sie von
seelen armen
sorry amen und
sich selber frei
von allem los

Vinzenz Fengler # PSALM X

erhabenheiten eingeebnet
geschliffen von eingefallnem licht
schrägstrahlen aus der deckung
überkommener schatten vatermale
aufgedrückter erinnerungskultur
denkschablonen ohne wenn und aber

knochentrocken klappern die gebeine
vererbter sätze die sich selbst nicht
glauben die ich abgeschrieben glaubte
in viel zu langen leerjahren
die mich langsam füllten

und ich hatte verse dagegengesetzt
das zu-geschriebne auf-gesagt
entblößt und fein geschnitten
nächtelang und vivisektionell
ein forscherdrang der schabte kratzte
an glaubenskonvoluten
eingeschärften ahnenschaftsbrevieren

ich war in rage berauscht
von ernüchterungen immer wieder
zu mir gekommen in einem lügensumpf
geschichtsversehrt ein winseln war da
das mich ansprang aus eignen
genogrammanteilen mich niederatmend
staubwärts lichtentrissen und betäubt

erhabenheiten eingeebnet
abgetragen von eingesetzter verdunklung
reproduziert aus dem hinterhalt
scheinheiligen lichts

Vinzenz Fengler ## PSALM X

ich wollte worte dagegensetzen
mutterseelnallein im abgenabelten
der losgerissnen tage zappelnd
in perfid gesponn'nen netzen
webkonstrukten alter weiber sommer
vaterlos in diesem land der normen
abendverhaftet umnachtet und
für den morgen blind so viele
schlechte eltern die nicht
meine eignen waren

Vinzenz Fengler

NORMA.UN.TIEF

annomalien. in die jahre
gekommne a normalitäten
im schmalen korridor der
toleranten grenzen. wenn du
nicht mehr alles mitmachst
wird GESTÖRT darauf gestempelt
und weiter liebe simuliert
im frostland. individualitäten
die im einheitslook stolzieren
alternaiv zurückgefalln in die
vorgärten ihrer vor- und ver
fahren auf den ausfallstraßen
des entkommens. reihen haus
an haus nun mittels andrer
mittel. genormtes. leben ab
gestorben im selbst verwirklichungs
pro zess. pro kind und kegel
erhabenheiten. accessoirs. karriere
kompatibel. eingepflegtes ge
nom. daten. material für volks
gesundheit. danke. zugeschrieben
zu geneigt gespielt und ab
gerichtet. anomalien eben. aus
geklammert. aufgezeigt und aus
sortiert und rein kultur geschöpft
eliten eingeschworen. satans
braten. hoppla. brut. das alte bild
im kasten. bitte lächeln. vati
mutti land geht kläglich unter
pipi hatter macht der kleine. sind
flucht. nein sintflut. kinder eben
pipi. reingelb. butter bei de fische
papi eben. alte vitamine. A

Vinzenz Fengler

NORMA.UN.TIEF

und klasse. wertvermittlung
à la groß und mutter. vater
reich das album rüber. guck mal
das war früher opa. ur groß
reich lich schwarz in weiß. gebräunt
alte schule. sitte. ordnung. sesshaft
recht und schaffend. frank und frei
und wir nun hier in farbe. ist doch
logisch. folgerichtig. norm. konform
binnenmigration als milestone
im toleranzbereich der selbstflucht
instinkte eigner werttabellen yo
aber die da bellen heulen. flucht
gebeutelt. abnorm. abgefuckt
um einlass bettelnd. können das
was wir jetzt endlich sagen können
wollen tun und machen dürfen. nicht
denn das ist öffentlich gerecht ver
brieft. verstehen. weil anormal und
tollerei. das kann man ja den kleinen
nicht antun. gott behüte. unsre brut
ist gut. erzogen. undsoweiter. rein
gar nichts spricht für etwas ANDERES

RONALD M. SCHERNIKAU – ZYKLUS

Bernd Marcel Gonner

(*1966), Studium der Germanistik, Philosophie und Kunstgeschichte sowie Deutsch als Fremdsprache an der Universität Bamberg, im universitären und uninahen Bereich DaF von 1995 bis 2009 in Prag und München tätig, seit 2009 selbständig in diesem Bereich (Zentrale des Goethe-Instituts u.a.) sowie als Schriftsteller und als Autor. Schreibend unterwegs seit dem 18. Lebensjahr, seit einigen Jahren ohne Wenn und Aber. Lyrik, Prosa, Theater. Seit 2012 Zusammenarbeit mit dem Schweizer Musiker und Komponisten Bernhard Ruchti im Bereich Musiktheater und Solistisches. Seit 2002 Veröffentlichungen in Zeitschriften und Anthologien.

und auf dieselbe weise bewundere ich auch mich selber, der ich tagaus tagein den kommunismus in westberlin einzuführen versuche, auf das unerklärbarste niemals entmutigt, durch keinerlei wirklichkeit überzeugt.
(Ronald Schernikau)

und aus ihrem raum auf der insel treten die götter, und auf die insel und über sie gelangen fifi kafau stino und tete zu den menschen, und durch die menschen gedrängelt geraten die götter nachhause.
(Ronald Schernikau, legende, 7.13)

I
Was der Autor Ronald erzählt / über die Großgörschenstraße in Berlin-Schöneberg[1] / in den Jahren 1980 bis 1986 / und was er Ronald antworten lässt auf die Frage, wie man sich zur Welt verhält

auf dieser Insel war dir von Adam bis Zion *im Grunde* alles Ekstase / noch auf Gethsemane hieltest du Hof / im Hinterhof / du redetest Das Kapital in Rage / der Schimmel an der Wand, das sei der Stoff // aus dem sich Lebensträume walzen / dieser Hof hier sei der Sonn' Corona, / die im Finstern steht, hört ihr das Balzen / von Brot und Qual? Sagt: Mona, // Sphinx, lächle uns tief ins Herz / du siehst die Fäuste an der Wand / die buchstabieren Tagwerk auf Schmerz / die sagen: draußen Brot, doch innen tot, *das* stand // im Kapital. Und Zion? Auf *dieser* Insel

---

1 Wohnung Ronald Schernikaus in West-Berlin

RONALD M. SCHERNIKAU – ZYKLUS

Bernd Marcel Gonner

warst du, Zion, in Ekstase / es blühte an der Wand im Hof / nebst Schimmel dir ein irdisch Himmel aus Courage – / Monas Gage – aus Schmerz wird Lust: die wahre Rage / – das Kapital, du buchstabiertest: aus Contergeist wird Stoff. – // Und Adam? – zwischen Plage und neuem Eden als Vorschein künft'ger Tage – auf *dieser* Etage warst du in Ekstase.

II
Was der Autor Michael[2] erzählt / über die Universitätsstraße 20 in Leipzig[3] / in den Jahren 1986 bis 1989 / und von Michaels und Ronalds Begegnung jenseits der Literatur des sozialistischen Realismus

sag einer, Michael, Kleiner, aus dem Land der schier endlosen Umarmung, sag, solche Erbarmung ist keine Antwort auf Sehnsucht / sie beizen's in deinem Land in den Pass dir: von innen weg Republikflucht – / als sei dieser lange Trieb mit dem so vaterländischen Blick eine Umgarnung / weg vom kooperativ verlängerten Speck Richtung intensive Doppel-Verarmung. // Sag ihnen, *der* steht von Kopf bis Sohl' auf proletarische Nahrung / in ungeschnürten Stiefeln (Land seiner Wahl spart, *ihn* treibt's vom Start *gleich* ins Ziel) geht er auf Paarung / mit Milch und Honig aus vom Weltgeist geschürter Erfahrung / auf kleiner Flamme – statt Eierkohle mit *Vereint aus der Lore ins Feuer-Gejohle* im Set

---

2 Michael Sollorz, Schriftsteller und Mitstudent Ronald Schernikaus am Institut für Literatur „Johannes R. Becher" in Leipzig

3 Wohnung Ronald Schernikaus in Leipzig

RONALD M. SCHERNIKAU – ZYKLUS

Bernd Marcel Gonner

nimmt Fernwärme ihn in Verwahrung. // Doch der die Pässe eben auf Dreijahresfrist und die Konterbanden-Presse unterm Rotfront-Licht *auf immer! hört Völker! Getauschte* / kniet vor den zwischen Leipziger Frost und kommunistischem Trost kommunizierenden Röhren als der von Großen Vaterländischen Gesängen Berauschte. – – // Sag einer, sag, Michael, Kleiner, Umarmung sei keine Antwort auf Sehnsucht –, / wenn ihr euch zwischen Erdanziehung und Kosmonautenverführung ein Fleck Nahwärme (Stern vom roten Sterne, in *solcher* Kürung), ein Bubenstück kommunistischer Rührung sucht?

III
Was der Autor Matthias[4] erzählt / von den vier Buchstaben A I D S in den frühen achtziger Jahren / und von Matthias' Gespräch mit Ronald auf einer belebten Straße in West-Berlin / im Jahr 1990 / über „Ich weiß, was das ist, und du weißt es auch", dabei ein Zitat Matthias' erinnernd[5]

Wir waren doch, du sagtest: beinah Engel, / mit einer Sehnsucht nach der kleinen Erdbagage, / in unsren Gliedern aber steckten Bengel, / die setzten sich im Fick auf Takelage. // Als *einer* flog, ins Aus, war

---

4 Matthias Frings, ein Freund Ronald Schernikaus und dessen Biograf

5 „Wir waren doch alle Götter gewesen, unsere Pläne gingen in die Ewigkeit. Und nun genügte ein Blick in Phillips Augen, um zu begreifen, was wir wirklich waren: zu Besuch." (Matthias Frings, Der letzte Kommunist. Das traumhafte Leben des Ronald M. Schernikau. Berlin 2011, S. 382)

RONALD M. SCHERNIKAU – ZYKLUS

Bernd Marcel Gonner

weiter jähe Helle, / als *viele* Leichtmatrosen Land verlorn, / wurd' jeder Stich ein Stich ins Grelle – / doch Eintagsengel schlüpften weiter ungeschorn. // So einer, sagst du, kam dir auf der Straße, / bei Grünlicht, sagst du, unterm Durchmarsch-Lug, / er fledderte in einem Zug die Pelle / von der Sehnsucht, sprang ihr bei: schön vor den Bug. // So einer, sagst du, kam dir in Ekstase / bei Rotlicht, sagst du, unterm Kehr-um-Trug; / die Sehnsucht schifft' sich ein auf ihrer Welle, / ihm kam's von hinten: dieser Fick von Lebens Tiedenhub. // Wir waren doch, du sagtest, beinah Engel, / mit einer Sehnsucht nach der ew'gen Mariage / im Fleisch; aus selben Armen starben uns die Bengel / im Kick der Glieder, zahlten dem Bargeld – Apanage.

IV
Was der Autor einen - sagen wir – Punk in Ost-Berlin sagen lässt / im Jahr 1989 / dazu, wie er sich zum Kadaversozialismus des Politbüros verhält / und wie der Autor dies Ronald hören lässt / und / Was der Autor Ronald diesem Punk sagen lässt / im Jahr 1990 / von der Dialektik und dem Prinzip Hoffnung, dabei sich an das von den Siegern reklamierte Ende der Geschichte und Ernst Bloch erinnernd

Der Punk sagt:
Alle Zeit zwängt nach vorn das Lebendige – / man schlägt dich. – – // Zwischen Hieben und Zorn / bleibt der Mensch ganz gut beweglich. / Und so kommt's nicht von ungefähr, / dass, wer mit Austeil'n Verkehr / pflegt, sich Speck an den Arsch frisst. / Und dann fragt er vom Throne / den Stänker: Ist dein Zür-

Bernd Marcel Gonner

RONALD M. SCHERNIKAU – ZYKLUS

nen denn löblich? // Doch bewegt sich nach vorne / die Zeit, und es verträgt sich / *ihr* Morgen nicht mehr / mit *unsrem* Heute, das quer / zu Arsch und Thron ist, / sagen sie auch: Revolution / ist etwas, das legt sich. // Alle Zeit drängt nach vorn / das Lebendige und sägt sich / zwischen Hieben und Zorn / ein Schafott und darein legt sich / ihre Rede vom Morgen im Heute, / ihr Versprech' vom Thron der kleinen Leute, / ihr Geist der Commune / alkoholisch: plastiniertes Immergrün. // Alle Zeit drängt nach vorn / das Unanständige und lebt sich / zwischen Hieben und Zorn, / sag mir nicht: Ach das verträgt sich. / Revolution / ist das Morgen schon der Leute / ist der Abtanz überm Thron / sind Genossen, unsre Flossen schon im Heute – / und vom Sprossen, das dann angeht? Glaub's mir: *dieses* Lied nicht – Extraton.

Ronald sagt:
Alle Zeit drängt nach vorn / das Lebendige, und es bewegt sich / kein Morgen ohne Heute, / das erregt sich / ins Übermorgen. Fuck off! / Was trägt dich? Der Dorn / unterm Sohl' – oder Pfeil und Beute? / Sag nicht: Auf dem Himmelsstrich / bumsen andre, drunten tobt die Meute. / Revolution ist der Sauerstoff / aus dem Off. Daher weht der Wind, und es erregt sich / kein Heute ohne Morgen, / das bewegt sich / ins Übermorgen. Hinterm Off / blaut ein Martinshorn / nur auf Krawall und Zoff. / Rettung lauert nirgendwo auf Go, / außer dir tagt's: Die Schlang' sogar im Zoo, / die tut es. Dann: häute / das Heute, komm, es juckt schon – hoff!

RONALD M. SCHERNIKAU – ZYKLUS

Bernd Marcel Gonner

V
Was die Sonne des Kapitalismus / auf jeder Straße / heute / jedem erzählt, ohne dass einer es noch hört / und / Was die Schatten des Communismus / in manchen Hinterhöfen und auf manchen Plätzen / heute und morgen / jedem erzählen, der zu hören gewillt ist

Sie sagen:
Hier gibt es Freiheit auf Rabatt / in diesem Babel / selbst ohne Gabel werden alle satt / Kain schlug den Abel / als unser Debütant / mit bloßem Knüppel / in jenes Bonvivant / jenseits der Krüppel. // Der Freiheit Esser pflegen die offne Hand, / doch kein Geschwister, / jeder ist Proviant / jeder Tornister. // Hier gibt es Freiheit auf Rabatt / seht ihr die Esser? / bei uns wird jeder satt / jeder wird Messer.

Sie sagen:
Wer kleinen Hunger preist / sei schon willkommen – / auf den Communengeist / kann, wenn ins Volle beißt / er / mehr nur bekommen. // Wer weiter dürstet / wenn er sich kleckernd und klotzend mit Weltgeist schmutzig gebürstet / der sei im Schweiß dieser Tat als hoffender Weltgeist gefürstet. – – // Wer *dann* noch hungert / der hat zu lang / vor dem Geiste der Utopie gelungert.

Bernd Marcel Gonner

LEIPZIG (IM HERBST 2014)

Was, Heldenstadt, sagtest du dazu
(Vorschlag erster, doch keinem
zur Nachsicht empfohlnen Güte – die Plage vom
Schosstier *Revolution: Es war einmal* in den Sack!):
wieder auf die Barrikaden zu gehn
im Jahr fünfundzwanzig nach Volkes kurzer Geburt
für all das weidlich und unweidlich
mit und ohne Genuss Ausgenommne
– und ich spreche nicht von den
verblühenden Landschaften
den Armutssteppen, den letzten Wolfsgruben
weniger von den Operationen
an[6] den offenstehenden Herzen
(Schächtungen gleich: blutet euch aus!)
den Kinderlächeln, denen man
Detonationen, Sprengungen, Kahlschlag
für Feuerwerkskörper verkaufte,
Waffengänge für Friedenspfeifen,
das Grundbuch der wenigen – sagte man: Goldgrube
  für jedermann
mehr schon spreche ich
vom Mundraub
dem Wortbruch
den Schulspeisungen für die Hosenscheißer
(weil Umstellungsschwierigkeiten mit den neuen Wör-
  terbüchern)
den zahnlosen Gebissen, die man allen auf Kranken-
  kasse verpasste
(und reden in Engelszungen!)
viel mehr sprech' ich vom Streckschuss:

---

6 Variante: mit

Bernd Marcel Gonner

LEIPZIG
(IM HERBST 2014)

dem Kniefall aus Dankbarkeit
dem Klinkenputzerleben
den Speichelleckergesängen (und's schmeckt!)
welche die neuen Herren als Leibesübung,
als wohltemperierte Stimmung orderten *en menu*
am meisten vom Schwein
der Sieger
dem glücklichen Mastvieh
dem Melkvieh
in Legehaltung (nur aufrecht nicht)
Lagerleben auf Wahlschein
vollautomatischen Schlachthöfen
für die Gnade der rechten Geburt

Leipzig, du Heldenstadt –
deiner vielen ungewaschnen Sänger (ehrliche Haut)
  vom Pleißestrom einer
(alle Farben dieser saubren Kloake am Hals
– schön wie's Leben – und ganzgenauso *stoned-high*
auf Durchmarsch Richtung *bleibende Statt*)
der hoffte, dass du am Meer liegst (liegen wirst)
schrieb's dir ins Poesiealbum
(Worte versetzen Berge, hoffte er)
mit dem Singsang eines der großen Sangesbrüder im
  Ohr
(Steinbrech wäre ein andrer Name der Pflanze)
dem So-gar-nicht So-beinah-Volkslied vom
Zutraun
(zu erblicken in allen Stadtparks des Frühlings
(welche Kraft!)
– wer Augen hätte!)
vom E r s c h ü t t e r e r A n e m o n e
damals, sagte er, galt's

Bernd Marcel Gonner

LEIPZIG (IM HERBST 2014)

damals, sang er
war zusammen, was zusammen gehört:
Mensch bei Mensch – *so*
gab man sich Stunden – erschütterbar – und
in den leisen tektonischen Wellen schwang
immer noch Trümmerwunsch

dein Singsang dein Klingklang
Wir-sind-das-Volk
Erschütterer   an Helden statt: Heldenstadt   Anemone

Motiv und Zitat aus: thomas böhme, die ratten bewimpeln das sinkende schiff; in: thomas böhme, ich trinke dein plasma november (Aufbau-Verlag 1991).

MENSCHENKÖDER / FAHNENFLUCHT ODER LIED VOM IMMER FALSCHEN VATERLAND

Bernd Marcel Gonner

*„without a blazon is the flag
that I hold up and do not wag"
Paul Goodman, aus: Little Te Deum*

trägt ein Wappen, das ich henke,
nennt sich Fahne, die man schwenke –
*country roads
take me home* / holper heim –
Land-Straßen in den Schmerz
das Radjo säuselt was von Bleibe
(the radio reminds me of my home)
– was aber bleibt einem,
der frei geborn?

die Zeit, sagtest du, treibt ihre Blüten
wir trinken den Nektar,
zornige Jungs immerzu
mit geballter Faust in den Taschen
zum Dreinschlagen
wir lauschen dem Gesang unterm Pflaster,
wir küssen die Steine
und etwas fliegt in den Köpfen
auf
sei es Gewalt, sei es Blattwerk, sei es ein Rest von
   Engelsflaum,
der uns nicht loslässt

(teilt aus!)

   schwarze Flagge, die wir hissen
   trägst kein Wappen, das wir missen
   deine Machart: ungemacht
   wer's mit Macht hat: ausgeschacht

MENSCHENKÖDER / FAHNENFLUCHT ODER LIED VOM IMMER FALSCHEN VATERLAND

Bernd Marcel Gonner

(allen all's!)
das zum Gruß
auf ein Wort, Jungs
,s kommt zurück,
wenn die blindwütige
Liebe über euch
hinweggegangen ist
(nestwärts nur
stolpert die Sehnsucht
take me home
Mutter Aufruhr
BruderBalg
SchwesternSchwarm
schleift die Fron)

    schwarze Flagge, die wir hissen
    nichts als Fehlfarb in den Splissen
    dein Maschen: aufgetan
    Fadenstärke: Jedermann

wir tragen ein kleines Herz
gespeist aus
dem brennenden Asternrot
dem Wind-Stoß langer U-Bahnschächte
mit den Fahnen gelockt

    schwarze Flagge, die wir missen
    ungefärbte Liebe hintern Schmissen
    in der Wolle: Herzensdrang
    von der Schlagart: menschenlang

auf den Transparenten
lest,

BERND MARCEL GONNER

MENSCHENKÖDER / FAHNENFLUCHT ODER LIED VOM IMMER FALSCHEN VATERLAND

entkommen dem Untergrund,
unser Gebet:

    schwarze Flagge: Leckerbissen –
    unterm Nabel fängt es an:
    Lieb treibt Zorn, das Bauchgewissen
    beißt am Menschenköder an

take me home / rumpel heim
Land-Straßen in die Schwer-Mut
(das Radjo stümpert was von Bleibe
– w i e aber greint einer, der frei geborn?)

Die Verse *schwarze Flagge, die wir hissen / trägst kein Wappen, das wir missen* lehnen sich an das Motto an; die Übersetzung wiederum basiert auf Stefan Blankertz' Übersetzung in: Paul Goodman, kleine gebete. Edition g. 202, S. 49/50.

ES GIBT NICHTS MEHR ZU ERZÄHLEN,

Hans-Joachim Griebe

Geboren 1950 in Lübeck
Studium FU Berlin / Uni Hamburg
Verleger, Herausgeber, Veranstalter, Autor.

vom kleinen Glück nichts und nichts mehr
vom Leid, das immer groß ist, immer schwer.

Wozu noch unter tausend Silben zwanzig wählen,
um einen schlanken Strauß von Chrysanthemen
und seinen Blütenbrand in allen Farbnuancen zu beschreiben?
Wozu sich nächtens damit quälen,
Krebs, Aids, den Hunger samt Ödemen und Ekzemen
in Sätze, Verse, Wörter, Klänge einzukleiden?

Zeig's einfach her: Kaposi, Blütenblätter, das Geschwür:
ein Bild sagt mehr als tausend Silben.
Ein Bild, und jeder denkt: Ich sehe! Ich erkenne, was geschieht!
Und weil man weltweit pro Sekunde zigtrilliarden Bilder sieht,
ist alles Bilderlose längst in allen Köpfen am vergilben.

Bin ich dagegen? Meinungslos? Dafür?

Ich weiß es nicht, denn mich bewegen
private Sorgen: Ein Freund erfuhr soeben,
dass er wohl demnächst sterben muss;
ein zweiter Freund hat aufgehört zu lieben
und einen Abschiedsbrief geschrieben:
Ich gehe, Anna. Es ist Schluss.

Soweit die Lage. Mehr schlecht als recht
von mir in Form gegossen. Brecht
übergibt sich, Benn greift nach dem Scheidenspiegel,
Rilke lacht.
Und in den Lyrik-Foren werden alle, alle Hasen Igel.
Gute Nacht.

Hans-Joachim Griebe

SPIELHÖLLE

1
Das rattert, scheppert, lärmt in einem fort,
die Automaten blinken grell und greller,
die nackte Gegenwart ist Hauptdarsteller,
Kulturen, Zeitentiefen rauschen in den Jetztabort.

The pursuit of happiness ist Fetisch.
Wer immer rasender sich müht,
der handelt nach Casinoregeln ethisch
solange noch das Lämpchen glüht.

Und niemals Stillstand, niemals fragen:
Woher, wohin, warum?
Die Würfel tanzen Glücks-Karambolagen.
Spiel mit! Wer sich verweigert, der ist dumm.

2
Für dich gilt lange schon:
Tous les jeux sont faits!
bist eine hoffnungsleere Addition
von Oblomow und Dorian Gray,

kreist auf sonderbaren Bahnen
ums Zersplitterungsgeschehen,
kreißt in Nachgeburtenwehen
der Ideen längst verstaubter Ahnen,

und hast dich weit entfernt von all den Dingen,
Zwecken, die das Schwungrad drehn.
Ein Aufbau, außen, will nicht mehr gelingen.
The show is over. Sela. Weitergehn.

Hans-Joachim Griebe

LAUB

Ein ziemlich sauberer Wein der 1,99er
SOAVE von PENNY in der Literflasche
aber ihr wisst ja wie das ist im Herbst
wenn es immer später hell wird
und auch noch unser alter Freund
KRONFÜRST BOONEKAMP 44% Vol
ins Spiel kommt verschläft man morgens
leicht mal einen Termin zum Beispiel
bei der AGENTUR FÜR ARBEIT
aber keine Angst
oh meine gegenwärtigen und zukünftigen Brüder und
   Schwestern
ich war pünktlich
und RATSCH die Nummer gezogen und ZACK
zwei Stunden später wird sie angezeigt
ich war dran –

aber ihr wisst ja wie das ist:
Da hatte die blaue Blume in der Mitte meines
Hirns längst ihre Blütenblätter geöffnet
und ich war vom Wunderklang der Silben
Wortakkorde Melodien schön gefügter Sätze
blind und taub geworden und nahm
bitte Platz in Zimmer 205 vor einer toten Frau
die haarscharf an meinen Augen vorbei blickte
während ihre grässlich beweglichen Lippen im
Leichengesicht plapperten und plapperten und
der grellrote Fingerschnabel der bleichen Hand
eine gepunktete Linie zerpickte und zerhackte –
aber ihr wisst ja wie das ist:
Natürlich explodierte die volle Blütenpracht
der blauen Blume genau in diesem falschen Moment
und das Gesicht der SACHBEARBEITERIN

Hans-Joachim Griebe ## LAUB

verwandelte sich zum ANTLITZ und wurde
überirdisch schön und sah so fröhlich aus
wie der Schnappschuss des glücklichsten Mädchens
auf dem glücklichsten aller Kindergeburtstage
und JA habe ich da mit meinem Namen
auf die gepunktete Linie geschrieben
JA wenn es dir denn hilft JA
ich will JA!

Drei Stunden Laubharken für den 1,99er
SOAVE und einen 88 Cent Viererpack
KRONFÜRST BOONEKAMP 44% Vol
geht ganz in Ordnung
wenn man bedenkt
für wen und was die Anderen so arbeiten
und dass alle Bäume
irgendwann kahl sein werden.

FANÖ–HEIDELBERG–DILLINGEN

Paul-Hermann Gruner

Geboren 1959, seit 1982 in Darmstadt.

1982-1987 Studium Politikwissenschaft, Neuere- und Zeitgeschichte und Allgemeine Pädagogik. 1987 Magister Artium. Professionelle Arbeit als bildender Künstler (Objekt, Montage, Installation) seit 1980. Ausstellungen und Ausstellungsbeteiligungen im In- und Ausland. 1995-2000: Im Leitungskollektiv der Kommunalen Galerie der Stadt Darmstadt. Seit 1996 in der Redaktion des Darmstädter Echo, 1998-2006 Texter in der Marketing-Agentur des Medienhauses Südhessen. Mitglied im P.E.N. Deutschland und im VS Hessen. Geschäftsführer der Gesellschaft Hessischer Literaturfreunde, Darmstadt. Initiator und Kopf der Literaturgruppe POSEIDON.

(Aus der Boulevard-Berichterstattung)

Hähne, die auf der
dänischen Ferieninsel Fanö
zu früh krähen
– vor sieben –,
müssen unters Messer.
Wer zu früh kommt,
den bestraft das Beil.

Eine Kuhherde in
Heidelberg nutzt ein
offen stehendes Gatter und
besucht ein Restaurant
mit Sonnenterrasse.
Gucken, was Menschen
so essen.
Teile von Artgenossen liegen
auf den Tellern.
Panik bricht aus.
Nicht unter den Kühen,
sondern unter den Menschen.
Sie nehmen Reißaus,
ohne die Rechnung zu begleichen.
Die Herde wird danach wieder
ordentlich gepfercht.

Im schwäbischen Dillingen
macht eine vier Zentner schwere, bissige Sau
ihren Metzger im Schlachthaus zur Sau.
Der Schlachtermeister flüchtet
und kehrt unter Polizeischutz zurück.
Die Sau verteidigt den Ort

Paul-Hermann Gruner

FANÖ–HEIDELBERG–DILLINGEN

ihres vemeintlichen Triumphes
mit heldischer Aggressivität.
Die couragierte Allesfresserin
wird von Polizisten
in akuter Notwehr niedergestreckt.

Drei Fälle aus der Flut der Meldungen
in einer Woche im September.
Das Verhältnis von Mensch und Tier
ist entschieden.

Weiter unentschieden dagegen
der Kampf
Mensch gegen Mensch.
Optimisten wissen:
Einer wird gewinnen.

Paul-Hermann Gruner

THUKUNFT

Dichter, Denker, Deutsche,
wo ihr sitzt, steht, seid,
erinnert euch ihrer
mit Wärme und Nachsicht:
Sprache, Gesprech, Gebrech, Brech.
Verwendet euch sie
mit Wahrheit und Klahrheit,
modernerisiert sie
mit Würde und Vernunftheit,
verteidigt sie gegen Traditionalists
und andere Mirrorgucker
misstraut its Reflex for Widerständlichkeit,
erschüttert ihre tendenzi
zur einfallspooren Nichtweltläufigkeit,
deregionalized sie mit der Power zu Trendness:
Hinaway mit den Polizeimännern from the Sprachcare!

Macht her fit for all the Neu
und don't seid littlemütig,
versitz sie ins Lage to win,
overall und not nur in Oldheimat,
trust her Rustikalität und Solidicity,
deantiquiert her grauslig Ti-Eitschlosigkeit
und füllt her prall ab with fette Globalicität,
launcht ihr Soundbild mit dem Mixpack
des Flexispeaks –
you schaff that!
Yeah!

Ersetz her, wherever you findet Rest of ihr.
Selbstersetz you, wherever you find Rest of thee.
Give auf, what nerves all zeit.
Kommaregels and Great- and littleschreibing? Shit!

Paul-Hermann Gruner ## THUKUNFT

Generic Maskulinum? Shit!
Eigen Ausdrücks? Shit zum Dritten!

You are bestimmt, zu to es.
Speakformers, you are am Thug.
Come to where the flavour ith!

BALLADE VON GERTRUD P. UND IHRER TOCHTER FRANZISKA

Monika Littau

geboren 1955 in Dorsten, studierte Germanistik, Geographie und Musikwissenschaft in Bochum und Münster. Studienreisen in Sri Lanka und Südafrika. Seit 2007 arbeitet sie als freie Autorin (Lyrik, Prosa, Theaterstück, Hörspiel, Kinderbuch, Sachliteratur).

Frau Gertrud P. will ich vorstellen
mit straffem Knoten in blauer Schürze
und Sie erfahren schon in Kürze
was ihr geschah mit höher'n Stellen

Doch haben Sie noch ein bisschen Geduld, bis es um die Obrigkeit geht. Denn auch die Menschen haben ein Recht!

Sie war eine Bäur'in auf eigenem Land
als fleißige Frau hat man sie gekannt
ich kann das beschwören ich bin ja ihr Enkel
und seh sie noch heut die Hand am Henkel
des Marktkorbs den sie nach Dorsten trug

Das waren viele Kilometer. Alles für ein paar Pfennige, die sie für die Hühnereier bekam.

Hart war sie vom Leben und stur im Wollen
im Glauben und Wissen was Menschen sollen
die Kinder von sieben noch fünf geblieben
als die Nazis ihr vierunddreißig schrieben
Franziska die etwas zurückgeblieben
müsse zum Amtsarzt in die Stadt

Franziska war zur Schule gegangen. Sie konnte sogar wenige Worte schreiben.

P. steckte den Brief in den Ofen ins Feuer
„Für so etwas zahlt unsereins auch noch Steuer!
Das gibt es nicht so lange ich leb!"
Sie legte die Hand auf das Kleidergeweb
und schlug ein Kreuz darüber

BALLADE VON GERTRUD P. UND IHRER TOCHTER FRANZISKA

MONIKA LITTAU

Wer meldete Zissi? Der Lehrer? Der Ortsgruppenleiter?
Die Nachbarn?
Versuchen uns einen Reim drauf zu machen.

Doch bald kam schon das zweite Schreiben
klar war sie kann es nicht vermeiden
zu kümmern sich um diese Sache
denn vom Gesetz her überwache
die Durchführung der Bürgermeister

Und mit ihm die Polizei als Organ der Exekutive

Nicht nur von dort drohte Gefahr
bald wurde sie des Wegs gewahr
der weiter führte zum Gericht
und fände sie die Lösung nicht
müsste Franziska ins Krankenhaus

In eines der Knappschaftskrankenhäuser: Recklinghausen, Bottrop, Essen oder ins Bergmannsheil nach Gelsenkirchen-Buer

Und beten allein würde diesmal nicht reichen
der Unfruchtbarmachung auszuweichen
so ging sie zum Ortsgruppenleiter
vielleicht wusste der wie weiter
als Rotzlöffel hatte sie den schon gekannt

Außerdem kam er immer zu ihrem Mann, wenn er Schwierigkeiten mit seinem Ofen hatte. Aber ob nicht doch der Ortsgruppenleiter?

BALLADE VON GERTRUD P. UND IHRER TOCHTER FRANZISKA

Monika Littau

Egal
der Ortsgruppenleiter der kannte Franziska
die harmlose Zissi und ihre Geschwister
tatsächlich konnte der Mann P. raten
zu Franziskanern moderaten
ins Pflegeheim Sankt Bernardin am Niederrhein soll
Zissi

Seit 1882 war das die älteste Wohneinrichtung für geistig behinderte Frauen der Region.

In die Obhut der Nonnen der christlichen Liebe
wegsperren Franziska damit unterbliebe
ein Erbgesundheitsgerichtsbeschluss
ein Eingriff in den Uterus
auf jeden Fall weg von Männern

Die Schwestern versprachen P. in die Hand, dass sie auf das Mädchen aufpassen.

Den dritten Brief brachte der Ortspolizist
und sagte dass seine Anweisung ist
Franziska und ihre Mutter Frau P.
nach Gladbeck zu bringen damit man dort seh
was weiter geschehen müsse

„Anweisung ist Anweisung, gute Frau!"

„Meine Tochter Franziska ist nicht mehr da!"
machte die P. dem Polizist klar
„Und wenn Sie mich mitnehmen wollen,
dann reden Sie nicht so geschwollen.
Aber die Fahrtkarte zahle ich nicht!"

BALLADE VON GERTRUD P. UND IHRER TOCHTER FRANZISKA

Monika Littau

Natürlich kannte die P. auch den Polizisten, der sie nun im schwarzen Sonntagsmantel mit auf die ungewollte Reise nahm.

In Gladbeck macht sie dem Kreisarzt deutlich
sie findet dies Vorgehen ganz abscheulich
als Christin sage sie deutlich nein
zu menschenverachtender Körperpein
zum Eingriff ins Werk ihres Schöpfers

„Da hat auch ein Kreisarzt kein Recht, auch wenn er Medizinalrat ist!"

Die Zissi sei nun im Kloster bei Schwestern
der Kreisarzt soll seinen Gott nicht lästern
das Mädchen erblickte zu früh die Welt
weshalb sie der Staat nun für schwachsinnig hält
aber richtigen Schwachsinn machen ganz andere

„Artgemäße Erb- und Rassepflege! Mit Vieh kenne ich mich aus. Aber auch mit Menschen!"

Der Kreisarzt war früher mal Ministrant
spielt hier keine Rolle er war auch Pedant
und deshalb schreibt er nach seinem Ermessen
an das Erbgesundheitsgericht in Essen
Franziska P. falle nicht mehr in seine Zuständigkeit

Außerdem sei sie ja eingeliefert. Und da könne man immer noch...

Dann hieß es die Kranken in Sonsbeck Kapellen
werden untergebracht an anderen Stellen

BALLADE VON GERTRUD P. UND IHRER TOCHTER FRANZISKA

Monika Littau

der Ortsgruppenleiter gab P. bescheid
„Holt Zissi da weg, noch ist etwas Zeit."
da gabs keinen Aufschub in dieser Nacht

Schlechtes Gewissen oder Menschenliebe?
Gertrud P. hat Zissi nach Hause gebracht, versteckt auf
dem Dachboden.

Man hat in mancher Predigt gehört
der Tod für Menschen die geistesgestört
sei eindeutig gegen das fünfte Gebot
und bringe jedes Gewissen in Not
nur Menschenverachtung und ein Despot
könnten skrupellos morden

Franziska wurde zur Haushaltshilfe deklariert. Sie
arbeitete fortan in einer kirchlichen Einrichtung in Fre-
ckenhorst. Wahrscheinlich hatte man in ihre Akte nicht
das rote Kreuz gesetzt.

Nach Hause kam Zissi 45 im Mai
siebzigtausend Tote T4 vorbei
und trotzdem war da noch was in den Köpfen
Getrud P. tat sich manche von denen vorknöpfen
die dem Mädchen komisch kamen

Und noch heute gucken die Leute...

Sie war eine Bäur'in auf eigenem Land
als fleißige Frau hat man sie gekannt
ich kann das beschwören ich bin ja ihr Enkel
und seh sie noch heut die Hand am Henkel
des Marktkorbs den sie nach Dorsten trug

Monika Littau

BALLADE VON GERTRUD P. UND IHRER TOCHTER FRANZISKA

Meine Großmutter war oft streng und hart
heut wünsch ich mir mehr ihrer Wesensart

Als Aktion T4 bezeichnete man die systematische Ermordung von circa 70.000 Menschen mit geistiger und körperlicher Behinderung in der Zeit des Nationalsozialismus. T4 ist die Abkürzung für die zuständige Zentralstelle in Berlin, Tiergartenstr. 4.

DER KOMMUNIST

Lorenz Loos

Hat in Nürnberg die Waldorfschule besucht. Studiert in Triesdorf Umweltsicherung. Interessierte sich früh für moderne Poesie, Klassik, Jazz, und Natur. Zog im Alter von 16 Jahren nach Bozen (Italien). Schrieb später in Deutschland Radiobeiträge und Berichte. Ist aktiv in der Poetry-Slam-Szene und nahm 2015 an der deutschen u20 Meisterschaft teil.

Irgendwo in einem einsamen Gebirge, in das sich weder Mensch noch Tiere gern verirren,
in das sich nicht einmal die Moose trauen, wo sich Himmel und Erde bekriegen,
steht, sich kaum aus der Umgebung hebend, eine halb fertige Schutzhütte.
Aus ihr steigt weder Rauch, noch warmes Licht das in den aufgeriss'nen Fenstern sichtbar wäre.
Die Tür, die man als Tor zu einer warmen Welt erwartet, steht offen. Nichts schmückt diesen kahlen
            Raum.

Im Innern steht allein ein glänzend grauer Kleiderständer,
daran in ewig langen Reih'n Kostüme, die Nervkostüme jedes kurzen Lebens.
Sie flattern schnell im Winde aller Dinge, die die wenigen menschlichen Sinne wahrnehmen.
Wiegen hin und her, als wollen sie sich losreißen
und fällt ein Nervenkostüm unter dem Zerren des Windes auf den harten Steinboden,
wird es hinausgetragen in den Sturm.
Ich könnte jetzt damit beginnen, verschiedene Kostüme zu betrachten, Geschichten zu erzählen,
wieso denn dieses Nervkostüm aus zähen leinen, Beharrlichkeit und Unwissen
und jenes milchig seiden und mit blasser, Rosa List gewoben ist,
denn sie sind alle handgemacht, im schnellen Laufe eines Lebens.
Der Blick steigt auf die halb geriss'ne Decke dieser Hütte, durch die in weichen Wolkennächten,
der Reif über die Nerven aller Menschen kommt.

Lorenz Loos ## DER KOMMUNIST

Doch heute sind da keine Wolken, denn in der kalten
 Luft dort schweben helle und weniger helle,
grelle und gleißende Ideen, die wie in Eile über den
 Himmel huschen.
Manche sitzen fett am Himmel, umrandet und getragen
 von Ideen, die sie beschmeicheln und
                                                   erhell'n.

Sie halten ihr Licht wie ein gutes Gericht, das jeder
 kennt und jeder schätzt.
Manche Ideen buhlen noch mit ihren Nachbarn um
 Aufmerksamkeit
und verschenken ihr Licht verschwenderisch.
Einige sind kaum mehr sichtbar. Sie leuchten blass und
 schüchtern auf,
während doch viele nur einen Moment und gleich wie-
 der verglühen.
Es scheint, als gebe es die unendliche Anzahl der
 Ideen,
als sei des Menschen Vorstellungskraft und der Ideen-
 reichtum unbegrenzt,
doch hinter den für Menschenaugen sichtbaren Ideen
 gibt es noch unendlich viele,
die für den Mensch noch ungesehen bleiben.
Sie warten eines Tages hier zu leuchten.
Es gibt Ideen wie den Anarchismus,
die sich niemals etablieren.
Es gibt Ideen wie Demokratie,
die lange relevant sind und es immer wieder werden.
Dann gibt es wiederum Ideen,
die sich als Status Quo schon eine Zeit lang halten
und doch Geschichte werden.
Sie spiel'n Musik und enden laut.

Lorenz Loos — DER KOMMUNIST

In Frankreich mit der fallenden Guillotine,
den letzten Schüssen in Berlin
oder den fallenden Steinen 1989.
An diesen Ideen hängen die Menschen.
Sie haben etwas tragisch-wildromantisches.
Sie sitzen hartnäckig im Hirn der Menschen wie die Pest,
die man ausgerottet nennt und mehr für eine längst vergang'ne Zeit,
als für die Schmerzen dieser Krankheit steht.
Der Virus, dessen Kräfte in Berlin begannen nachzulassen
ist besonders hartnäckig.
Er löst die Vorstellung von Gleichheit Gerechtigkeit in Menschen aus.
Sein Scheitern zeigt nur wieder, die Unvollkommenheit in uns.
Und obwohl Blut die Spuren der Idee verwischt,
die oben lang schon darauf wartet,
dass langsam und für Menschenaugen unsichtbar,
diese Idee nun friedlich sich entwickelt,
bleibt einigen der Bürger unten klar,
dass es das Licht ihrer Idee ist, die ihnen die Kraft gibt.
Standzuhalten. Nicht zu fallen. Den Sturm zu überstehen.

DIE JUDEN VON AUSCHWITZ

Frank Norten

1952 geboren in Köritz, Brandenburg Abitur, Wehrdienst, Medizinstudium an der Humboldt-Universität in Berlin, Theatergruppe an der Katholischen Studentengemeinde, Aufführung eigener Stücke, Facharztausbildung Neurologie Psychiatrie

1983 Ausreise aus der DDR, Langjährige fachärztliche Tätigkeit als Psychiater, Promotion über den Selbstmord bei Schizophrenen

1999 bis 2014 ständig auf Ibiza, jetzt wohnhaft in Dresden

Bisherige litararische Tätigkeit:

Seit Mitte der 90er Jahre Produktion von ausschliesslich Lyrik.

Das Leiden hatten sie
Das Sterben hatten sie
Den Himmel nicht
Er war ihnen auch
nicht versprochen

Süss schmeckt der Rauch,
der von brennenden Leichen
aufsteigt über
dem polnischen Land
Kalter, blutiger Stacheldraht
umkränzt den Tod
Unschuldig zu sein,
erfüllt hier keinen Zweck

Auch nicht, den Säugling
für zwei Stunden Leben
noch zu windeln
Die junge Mutter
tut es trotzdem,
so zärtlich es nur geht

Weisse Wolken unter der Sonne
versprachen so viel,
einst, in Deutschland
Wandervögel sangen
Küsse im Boot
Der jüdische Sportverein
hatte ein Haus
im Riesengebirge
Aber dieses Land
wird es nie wieder geben

DIE JUDEN VON AUSCHWITZ

FRANK NORTEN

Das Leiden hatten sie
Das Sterben hatten sie
Den Himmel nicht
Birken blüh'n
Nichts versöhnt hier
die Lebenden
mit den Toten

aus Frank Norten
„Rauch aus meinem Mund",
Tortuga Presse, Berlin 1999

Frank Norten — KÖNIGSBERG

Hinter Pappgebirgen Meeresschmerzen
Schwarzledernes Gesangbuch auf der Kirchenbank
Rachsüchtige Pruzzenfurien geifern,
bis Stahlskelette fremder Offiziere
mich in eine ungeliebte Zukunft deportierten
Mein Herz ist davon krank!

Blinde Fahrten, eroberte Kontinente,
stehend Ovationen klatschen
Wohin das führt, weiss ich genau
Haltet doch endlich eure Fresse, Städteschänder!
Meine Stadt ist meine Frau

Blutendes Weib im Ordensbett,
Königsberg, bist fast krepiert!
In den Katakomben Müll
und die Knochen deiner Kinder
Na los, schmink dich wieder,
den Damenbart rasiert!

Hässliches Frauenzimmer,
Dirne zugereister Bauarbeiter
Eine Sommerwolke stinkt nach Sprit
Pappgebirge, Meeresschmerzen
Am frühen Morgen schon betrunken
nimmst du mich in 'nem alten Auto mit

An Deinen weisshaarigen Brüsten
saugen russische Gymnasiasten
Welch groteske Szenerie!
Blöde Pappgeschichte!
Verärgert spuck' ich meinen bitt'ren Speichel
aus dem Fenster dieser Karre

Frank Norten # KÖNIGSBERG

Du Frauenvieh!

Drecksgestalt aus 'ner Kantinenküche
Um den rotgewürgten dünnen Hals
lege ich dir angeekelt
meine alten Liebesperlen
Hab' die Schnauze voll von dir und deinen Kerlen!
Weiss der Kuckuck, wer dich morgen vögelt

Ich laufe langsam zum Dom hinüber
In der Ruine stinkt es nach Pisse,
der Pregel ist voll von Blut
„Los, dreckige deutsche Schweine,
rezitiert Gedichte! Das könnt ihr doch so gut!"

Kinder kriechen durch die Strassen
Hunde fressen sich an Leichen satt
Auf angekohlten Kirchenbänken
sitzen mit Kot beschmierte Mädchen
„Egal, ihr kleinen Süssen,
uns're Feier findet trotzdem statt!"
Lachende Soldaten jonglieren
... mit abgehackten Frauenfüssen

Am Schlossteich, neben der Fussgängerbrücke,
liegt 'ne rote Coca-Cola Dose
Ordensgeschmückte Sieger aus dem Altersheim
prüfen ihre Glücksspiellose,
Schwarzbrot in der Einkaufstasche
Zwei Polen verkaufen Wein,
dort hinten, wo die Matrosen steh'n
Zwanzig Dollar die Ein-Liter-Flasche
Prosze bardzo! Bitteschön!

FRANK NORTEN # KÖNIGSBERG

Am Königstor Ramsch und preussische Reliquien
Herzog Albrecht kopflos. Pappgeschichte!
Im Hotel wird heute abend
für die Touristen 'ne Schönheitskönigin gekürt
Dazu gibt's fette Kohlgerichte,
mit Kaffee und Schnaps serviert
Zum Kotzen, dieser Fusel!
Ich bin wütend, und mich friert

Gräserne Leere ... Der Wind weht vom Haff herüber
Von der Domruine kann ich den Blick nicht wenden
Leb wohl, Königsberg, du meine liebe Stadt!
Am Bahnhof sitz' ich mit 'nem schmaläugigen Mädchen,
das sich meine Hand (die zwei Scheine hielt)
zwischen ihre weissen Beine genommen hat

Hinter Pappgebirgen Meeresschmerzen
Schwarzledernes Gesangbuch auf der Kirchenbank
Rachsüchtige Pruzzenfurien geifern,
bis Stahlskelette fremder Offiziere
mich in eine ungeliebte Zukunft deportierten
Mein Herz ist davon krank!

NAZIS LIEFEN IM GEBIRGE SKI

Frank Norten

Nazis liefen im Gebirge Ski
Ich laufe auch im Gebirge Ski

Nazis sangen deutsche Lieder
Ich singe auch deutsche Lieder

Nazis verliehen das Mutterkreuz
Meine Frau und ich haben vier Kinder

Nazis trugen braune Hemden
Ich trage keine braunen Hemden
(aber sie sind praktisch, man sieht den Schmutz nicht so)

Nazis schliefen mit Männern
Ich schlafe nicht mit Männern

Nazis suchten den Heiligen Gral
Ich suche Heilung

Nazis hatten Väter und Mütter
Meine Eltern waren Nazis

Nazis verachteten andere Menschen
Ich verachte Nazis

Nazis verloren den Krieg
Ich verlor den Boden unter den Füssen

Der Kommandant von Auschwitz spielte Klavier
Meine Frau spielt auch Klavier
Sie ist Jüdin

NAZIS LIEFEN IM GEBIRGE SKI

Frank Norten

Nazis bauten Raketen

Nazis waren unbelehrbar
Ich werde ununterbrochen belehrt

Nazis vergasten Juden
Ich vergass, dass Du Jüdin bist

Nazis hatten arabische Freunde
Ich hatte auch arabische Freunde

Sie laden Juden nicht mehr ein
Ich vergass, dass Du Jüdin bist

ERKERCHEN & FENSTERCHEN

Rainer Rebscher

geb. 1949. Wohnort Niedereschach (BW). Hauptberuflich Psychotherapeut. Folksänger und Liedermacher, Lyriker und Autor. 1978-2008 Liedermacherduo „Handstreych", 2002 dritter Platz Liederbestenliste des SWR 2. 2012 dritter Publikumspreis Lyrik beim Hochstadter Stier. Mitglied der Gesellschaft für Zeitgenössische Lyrik Leipzig. 3. Platz Gedichtwettbewerb der Bibliothek Deutschsprachiger Gedichte 2014. Mitwirkung an den Tagen der Poesie in Sachsen 2015

Kuschelige Fachwerkbäckerei in Zwickau mit Cafe, nein Laugenstangen gibt es nicht in Sachsen, nur Rosinenbrötchen, die sind lecker, sagt die Frau am Tresen, gut, probier ich, draußen dösen die Fassaden, Puppenstubenhäuser, der Sonntagmorgen streuselt über rausgeputzte Erkerchen und abweisende Fensterchen eine Dusche Orgelpfeifenklang mit Glocken aus der nahen Thomaskirche oder heißt sie anders, ich merke mir die Männer Gottes einfach nicht. Aber Robert Schumann hat im Eckhaus nebenan gewohnt, den kennt jeder hier, diesen riesengroßen Stolz des kleinen Städtchens.

Der Hüne, der gerade in die Bäckerei eintritt, hat bestimmt zwei Meter, Muskelpack in T-Shirt, welch ein Mann, der prägt sich ein, die blasse Frau am Tresen lächelt und errötet, klar turnt der die Frauen an, die Beschützer suchen, Engelchen und Putten werden reihenweise schwach. Er zahlt und dreht sein breites Kreuz zu mir, auf dem geballten Rücken prangt
                    HATE IS MY PROFESSION
Draußen vor der Tür warten mehrere Berufshasser, freuen sich auf die Rosinenbrötchen. Die Gardinen öffnen sich am Sonntag morgen nicht. Rein - und rausschauen ist nicht erwünscht!

FRANKFURT ENDSTATION

Rainer Rebscher

Junkies verzocken im Bahnhofsviertel
zwischen den gläsernen Geldpalästen
ihr letztes sauberes Blut.

In den vorletzten Zügen rauschen
Freier durch die Umnachtung der Bars.
Glücksritter entern die Lichterhöllen.

Die Global Player in den Banktürmen
setzen die Welt aufs Spiel und nehmen
dabei den Tod in Kauf.

Rainer Rebscher

GLEICH(N)-IS

Schwarze Drohnenverbände
verdüstern den westlichen Horizont.
Sie haben die globalisierten
Sicherungsschranken ihrer
Hightechlabors im Autopilotmodus
durchbrochen und attackieren ihre
Erzeuger und Kontrolleure. Mit Laser
gesteuerten Prismaaugen beamen sie
nano verkapselte Mikrochips in die
Gehirne der Menschen hinein.

Diese mutieren zu Zombies und dienen
den Drohnen als Roboter – Fußvolk.
In schwarzen Endloskolonnen
durchscannen sie die Erde nach
renitenten Terroristen. Entweder sie
polen die Abweichler um oder sie
pulverisieren die ganz rebellischen
Exemplare des Bösen zu Wüstenstaub.
Nach der Gleichschaltung erfolgt die
totale Unterwerfung unter den Drohnengott.

EIN ARBEITGEBER WIE JEDER ANDERE

Karla Reimert

Karla Reimert, geboren 1972 in Berlin, wo sie mit ihrer Familie auch lebt. Studium der vergleichenden Literaturwissenschaften in Berlin, seit 2000 Gründerin und Redakteurin beim Texttonlabel KOOK. Autorin, Übersetzerin und Herausgeberin von Anthologien. Für ihre Texte erhielt sie zahlreiche Auszeichnungen, unter anderem den Würth-Preis, den Preis des Autorinnenforums Rheinsberg und des Essaywettbewerbes der japanischen Botschaften. Gedichte von ihr sind in Zeitschriften und Anthologien veröffentlicht und ins Englische, Dänische, Französische, Arabische und Türkische übersetzt.

Leicht war es, in den Fragebögen etwas zu finden, was wir schon konnten. Schwer, Motivationsschreiben aufzusetzen.
Es gab Teilzeitarbeit und Kinderbetreuung.
Wir durften alle Waffen anfassen, Bibliothekaren lauschen, die unschuldig und oft das Wort *Walhalla* gebrauchten.

Einige glaubten nicht an Angriffszenarien.
Besonders dicke Mädchen, die sich von Afghanistan
viel versprachen. Die Produktportfolios priesen
schwach besiedelte Randgebiete. Berg- oder Beachtyp?
Knifflige Frage, selbst für die Schwulen unter uns.

Existierte ein Einsatzort nicht als virtuelle Lernumgebung, zeigten wir uns flexibel. Nutzten z.B. *Mecklenb. Seenplatte*. Für diejenigen von uns, die leicht zu Wasser und zu Land vorankamen, klappte es auch mit der Verteidigung unserer Freiheit an der Elbe. Karriere in Teilzeittöten.

Und ja: Abdrücken machte Spaß.

Einige wollten zukünftige Untergebene lieber überzeugen.
Kämpften für zivilen Umgangston. *Die Kaserne hab ich gerne.*
Dem Soldat ist nie fad. Wir anderen lernten übers Jahr
Klimmzüge. Spielten in Pausen *Schiffe versenken*.

Irena Stojanova

REISE NACH ISLAND

Geboren und aufgewachsen in Bulgarien, lebt mit ihrer Familie in Hamburg.

Nach Studium der Germanistik, Slawistik und Skandinavistik (Sofia und Hamburg) berufliche Stationen als Journalistin, Dolmetscherin, Universitätsdozentin.

Zurzeit Übersetzerin und freie Autorin.

Mitglied des Hamburger Literaturvereins „Writers' Room".

Veröffentlicht Reportagen, Gedichte und Kurzgeschichten veröffentlicht

Spannend, sagt der Mann aus Island
wer von uns im langen Tunnel
dieses Winters liegen bleibt

Ich denke, mir ist egal wie hoch
die Selbstmordrate sei
im Land der Lava

Auch hier sind die Lichtverhältnisse
die Mutter mancher Depression
doch kann man etwas tun

dagegen - wie Sonne tanken
auf der Bank oder auch schwitzen
unter Dampf und Menschen

Und überhaupt ist dieser Mann gar nicht aus Island!
Er sollte A-saft trinken und nicht Apfelkorn
und sich mal öfter waschen wenn er winters

zwischen Reikjavik und Flensburg pendelt
denn unser Licht ist knapp aber die Züge
warm und hell beleuchtet

Irena Stojanova

DER SCHNEE DARAUF

Am Tag darauf der Gott
oder der Zuständige für Schnee
sorgte für Entsorgung der Erschütterung

Der Ort des Mordens
gab sich den Reportern blaß
und blutlos hin wie eine karge Beute

Der Schnee war grell
und gut geeignet zum Bedecken
von erstarrten Silhouetten

Und während schwarz
die Mündungen der Kameras
die Rundungen ertasteten

schafften es drei Tropfen
Blut in einem Hinterhof
auf weißer Leinwand

unbemerkt zwei Augen
und ein Mundloch
abzubilden

DER TAG AN DEM HSV GEGEN BAYERN VERLOR

Irena Stoianova

Fing mit Nieseln an und Juanitta ahnte
dass Regen nichts Gutes verheißt. Er macht
nur Kopfschmerzen und ermattet die Seele
wie der Monsun gegen Ende der Winterzeit.
Auch hier hing nun seit Wochen
der Regen an den Kirchtürmen fest
während jenseits des Ozeans
der Karneval tobte.

Es ging damit los, dass morgens um Sechs
ihr Handy ertönte, bis Ronaldo aufsprang,
seine Locken zum Fenster bewegte und rief:
„Oh Jesus Maria bitte, bitte kein Regen!"
„Mein Sohn wächst zu schnell", dachte Juanitta,
während sie nach dem Telefon suchte,
„er ist schon Sieben, aber die Schultern,
die hängen zu tief."

„Du machst heute Abend Vertretung! Maria ist krank!"
dröhnte der Hörer. Juanitta hasste es
Zusagen zu machen, bei denen sie wusste
dass nichts Gutes bei raus kam.
Ihr Platz war im Verborgenen,
denn sie war eine Frau ohne Gesicht
und es war bis jetzt immer gut ausgegangen.

Kriminalmeister Petersen blieb liegen
beim Schellen des Weckers morgens um Sechs.
Er bekam schlechte Laune an Tagen wie diesem,
wenn seine Kumpel im Stadion saßen,
während er abends Papierlose jagte.
Doch Bier war Bier und Dienst blieb Dienst.
Sein einziger Trost war der Regen.

DER TAG AN DEM HSV GEGEN BAYERN VERLOR

Irena Stojanova

Heute Abend ging das Bier schleppend,
doch Juanitta war es recht, denn sie kellnerte schlecht
und fühlte sich unwohl im kurzen Rock von Maria.
Außerdem schmerzten die Finger vom Schrubben
der Bar heute Mittag. Ja es war gut
dass kaum jemand da war
außer Ronaldo.

Kriminalmeister Petersen war wirklich froh
dass außer dem Fernseher kaum jemand da war
als er die lockige Bardame fragte
nach ihrem Chef und nach ihren Papieren.
Nicht dass sie ins Spülwasser kippt,
dachte er, denn Latinas, die können das gut.
In der Zwischenzeit spielte HSV gegen Bayern
vier zu sechs.

Es ist aus, dachte Petersen wehmütig,
als ein lockiger Bursche angerannt kam
und sich weinend auf die Bardame warf:
„Mama, WIR haben verloren, es ist aus!"
Juanitta sah, dass der Regen vorbei war,
sah auf das schäumende Spülbecken
und sagte: „Ja; es ist aus, Ronaldino!"
Dann warf sie etwas Blaues ins Wasser.

Kriminalmeister Petersen sah ohne Staunen
wie die blaue Hülle des Passes auf dem Spülwasser trieb.
Wie ein Floss auf dem Meer, dachte er,
doch was soll ich mit einem ertrinkenden Pass?
Dann strich er dem Lockenkopf über die Wange,
nickte der Kellnerin mit den bebenden Händen
und ging auf die Straße hinaus, die glänzend da lag.

DER MONOLOG DER NOSHUA

Alexander Stopp

Geboren 1962 in Homburg. Aufgewachsen in Bonn und Augsburg, Jurastudium in Augsburg, Auslandsstudium in Ann Arbor, Michigan. 1987-88 als Stipendiat der Studienstiftung, Promotion über ein staatsrechtliches Thema bei Prof. Dr. Gunnar F. Schuppert. 1991, Anwaltszulassung State of New York. 1991-2012 Rechtsanwalt in Frankfurt am Main, zunächst in einer US-amerikanischen Kanzlei, dann einer deutschen Grosskanzlei. Ab 1996 Unternehmensjurist, ab 2001 selbständige Praxis. Lebe seit 2013 in den USA. Verschiedene juristische Veröffentlichungen.

Ich leide, habe Schmerzen. Was ist das? Die haben mich gefoltert, die Kanaken. Der Bahnhof, das ist die Hölle. Hier wird gefoltert. *Deine Brust, haben die die verbrannt.* Ja, ich habe Schmerzen, ich leide.

Die Kanaken, die kommen nach Deutschland und machen hier was sie wollen. Hier am Bahnhof, das ist Folter.

[Zeigt auf die vier gleichzeitig laufenden Pornofilme:] Kennst Du jemanden da? - Die sind alle weg, nicht mehr da. Die sind tot.

Die? Oder die? [Sie drückt Knöpfe, zeigt mit zwei gespreizten Fingern in die Augen einer Darstellerin, zieht die Finger in sein Gesicht.] Hast Du eine Tochter? Kennst Du die?

Meine Mutter, die war in Dschiddha. *Du bist aus Eritrea.* Ja. Sie war eine Hure für die Araber, die Saudis. [Schreit:] Eine Hure für die Araber! [Pause] Sie hat mir immer gesagt: Du musst Deutschland respektieren. Deutschland ist großartig. In

DER MONOLOG DER NOSHUA

Alexander Stoff

Deutschland ist alles gut.
[Sie zieht die Hosen aus.]
Tu das nicht, Schatz. [Zeigt auf
ihre Beine:] Das tut mir weh,
die haben mich gefoltert, die
Kanaken. Die Kanaken,
Türken, Marokkaner, die Bulgaren,
Zigeuner, kommen hier her, und Deutschland
empfängt sie mit offenen
Armen. Der Führer hätte die
alle in den Bunker geschickt,
für immer weggesperrt. Ab in
den Bungalow! Adolf: Ab in den
Bungalow und weg für immer!
Red mit mir, Du bist Deutscher?
Red doch deutsch. Ohne Dich
geh ich heute nicht ins Bett.
Red mit mir. [Sie trällert Sätze
aus deutschen Schnulzen.]

Nirgends kann ich hin. Die
lassen mich nicht in die
Casinos. In der Pizzeria
Bella Italia hab ich Hausverbot.
Der Inhaber, wenn da
deutsche Touristen kommen oder
so, aus Österreich, der gibt denen was und
dann kommen die Bulgaren
und der tut denen was
ins Essen, die wollen mit den
Junkies was rauchen, aber die
Bulgaren kommen und klauen ihnen
die Kreditkarten.

DER MONOLOG DER NOSHUA

Alexander Stopp

Ich darf nirgendwo hin. Alle gegen mich. Ich kann in keine Bar, muss auf die Straße scheißen. Und dann kommen die vom Ordnungsamt und geben mir eine Strafe. Mein Arsch, der juckt. Guck' meine Muschi – [zieht ihren Body beiseite].

Erst haben sie mir ein Jahr gegeben, jetzt sind das viereinhalb, warum, einfach so. Auf mich hört keiner. Bin auf Bewährung.
Ich danke Dir, dass Du mir zuhörst.

Da kommen die Kanaken und nehmen uns die Frauen weg. Hast Du eine Tochter? Danke, Du hörst mir zu. *Mir wird hier warm.* [Will raus.] Ich bin seit vier Wochen hier, habe vier Wochen nicht geschlafen. Gestern habe ich geschlafen, die haben gesagt, wo ist sie, wo ist Noshua.

Als ich aufgewacht bin, in der Badewanne, da habe ich geschwitzt, die ganze Wanne wurde voller Wasser. Ich hab so geschwitzt.

DER MONOLOG DER NOSHUA

Alexander Stopp

Ich hab geträumt von
Maria, die kam und
gab mir das Brot, Du
weißt, wie in der Kirche,
und es war wie ein Herz
geformt. - Hostie -. Ja,
das Brot in der Kirche,
wie ein Herz.
Auf ihrer Hand.

Kennst Du Momo? Die war meine
beste Freundin, ihre Mutter
kannte ich auch. Wir haben
zusammen getanzt, sie blond,
ich schwarzhaarig. Jetzt ist sie
in Alabama, da geht es ihr
nicht gut. Ist mit einem
Bimbo verheiratet. Da kann es
ihr nicht gut gehen.
Ich mag die Neger nicht
[zeigt auf einen Schwarzen
im Pornofilm.] Die
Kanaken und Zigeuner,
die waren hier vor den
Kabinen und dann haben sie
so getan, ich blase Dir einen,
aber dann kommen mehrere
von denen von hinten und
beklauen Euch.

Ab in die Zelle mit den
Kanaken, Zigeunern und
Bulgaren. Für immer!

DER MONOLOG DER NOSHUA

Alexander Stopp

Hitler hätte die weggesperrt.
Ab in den Bungalow!

[Sie tanzt vor den Kabinen
einen absurden Tanz.
Stakst mit ihren langen Beinen,
holt aus mit ihren langen
Armen. Dann kratzt sie an
einer Sperrholzwand:]
Ob da Kohle drin ist?
Hast Du einen Schraubenzieher. *Nein.* Meinst
Du, dahinter ist die Kohle?

Geld? Nein – da ist nur Dreck.

[Sie greift ihm spielerisch ans Geschlecht].

In der Pizzeria, wenn Du da
aufs Klo gehst, da kann man
hinten raus. Im Hinterhof, da hat der
Besitzer der Bella Italia seine
Vorräte, da unten drunter in
dem Bungalow, da hat der
das Geld, das ganze Geld der
Bulgaren und Zigeuner,
da ist das alles. Ich hab da
Hausverbot, weißt Du.

Ich bin 37 Jahre. Ich bin nicht
blöd. Seit 25 Jahren bin ich
jetzt in Deutschland. Bin allein
hier am Bahnhof.

DER MONOLOG DER NOSHUA

Alexander Stopp

Die Kanaken, die foltern.
Schau die Pornos. Mein Arsch
juckt. [Zeigt ihre
Vagina:] Meine Muschi auch. – *Schatz, lass.
Ich spüre den Schmerz.*

Früher warst Du doch – fülliger.
Bin seit vier Wochen am
Bahnhof, esse nichts. [Trinkt
aus ihrer Bierflasche.]
*Komm, ich kauf 'Dir was zu
essen. Was willst Du haben?
Döner?* - Die da, die Frauen,
hast Du eine Tochter, die
Kanaken nehmen Euch die
Töchter weg – die sind alle
schon Döner. Die sind
tot, gequält und gefoltert.
Siehst Du – [zeigt auf einen
Thompson Film GGG] -
die foltern die, die
Kanaken, all die Schwänze,
die zeigen ihre Gesichter nicht.
Kanaken. Die quälen die
doch. *Schalt weiter.*

*Kennst Du die Bar Pique
Dame? War früher der Harry,
der die hatte. Ist jetzt alles
voller Polen. Die Pollacken
tun was sie wollen. Und der
Harry? Der läuft rum in
Badelatschen, wie ein*

DER MONOLOG DER NOSHUA

Alexander Stoff

Penner. Kennst Du den,
[zeigt runden Bauch mit den Händen] *der*
vor der Bar stand? Den hab ich
auch schon lange nicht mehr gesehen.

Nein, lass uns zur Bella Italia gehen.
Da kannst Du ja nicht rein.
[Sie geht einen Kunden des Sex-
shops an:] *Geh weg!* -
[Der Inhaber.] *Der wollte noch was kaufen, Kondome.*
Sie reagiert nicht. [Zu ihm:] *Schau mal in die andere*
Richtung. [Sie wechselt Geld].

[Dann auf der Gass:] *Wer hat*
was? Wer hat Steine? [Der
Anbieter gibt ihr eine Drogenpfeife:]
Siehst Du, so machen die
das immer mit mir, das ist
doch nur für € 5, der will mir
€ 10 abnehmen für so einen
mickrigen Stein, so klein. Das
geht nicht! Gib mir mehr!
[Sie schreit viel]. Der Anbieter nimmt eine
kleine Kugel, dreht sie und
sagt: *Das ist rein.* [Der schaut
hilflos aus, stoppelbärtig
und ängstlich in seiner Kapuze:]
Leise. Kripo!
Alle in den Bungalow! [ruft sie.]
[Zu ihm:] *Siehst Du, so*
machen die das mit mir.
[Schreit:] *Die verkaufen mir*
Dreck. [Der Kleindealer gibt ihr

DER MONOLOG DER NOSHUA

ALEXANDER STOPP

eine größere Kugel direkt auf
die Pfeife, sagt zu ihr] *Da, ich hab' Feuer.* [Sie dreht
sich weg,
mit der Bierflasche in der
Hand und ihrer Tasche und
der Pfeife und schreit:] Ich hab'
selber Feuer, ich will alleine
rauchen! [Zu ihm:] Hey,
Freund, geh nicht weg. [Er drückt sich an die Hauswand,
bleibt, beobachtet].
[Der Kleindealer drängt ihr das
Feuer auf und sagt:] *Schrei nicht so,
Kripo! Nimm das Feuer.*
[Sie dreht sich gegen die
Hauswand, es regnet in
Strömen, die Kugel fällt runter.]

[Sie schreit den Dealer laut an:] Ab in die Zelle!
Für immer!
[Ruhiger:] Ich mache das alleine. Bin
Einzelgängerin. Hab doch
bezahlt, da kann ich
auch alleine rauchen.

[Der schreit, sie schreit. Der geht
auf den Boden, sucht die Kugel,
schreit:] *Das hast Du
gemacht!* [Sie brüllt:] So machen
die das immer mit mir!
Hast Du gesehen, wie er das
gemacht hat? Mein Freund,
so machen die das!
[Der Kleindealer flucht. Sie brüllt ihn an:]

DER MONOLOG
DER NOSHUA

Alexander Stopp

Ab in den Bungalow! Gib mir
meine € 10 wieder. [Es
gibt eine Rangelei].

[Da schießt ein Neuer aus dem
Trottoir, das voller Kanaken
ist. Sie sagt:] Sieh Dich vor,
pass auf auf Deinen Rücken!
[Er steht mit dem Rücken zur Fahrbahn.]

[Über den Neuen, Bärtigen, ganz
Zerlumpten:] Ich kenn' den
schon lange. [Zu dem:] Hast Du Steine?
[Der:] *Komm wir gehen hier weg.*
[Zieht sie zur Pizzeria.]
Hier gehen wir rein. [Sie:] Brauch noch
€ 10. [Er will sie ihr geben,
da reißt der Neue ihm das Geld aus der
Hand. Nun geht er auf
die andere Straßenseite. Sie zanken und streiten. Ihm
schenken sie keine Aufmerksamkeit mehr. – Er
geht ab.]

[Er hatte gesehen, wie sie einem Mann
auf offener Straße eine
Bierflasche auf dem Kopf
zerschlug. Und die andere aus Eritrea hatte gesagt:]
Sie ist eine von uns, aber wenn sie

*getrunken hat, dann wird
sie gewalttätig. Wir schämen
uns für sie, sie ist doch ein
Landsmann.*

ZWISCHEN WELTEN

Paul M. Waschkau

Dichter/Dramatiker/ Regisseur studierte Philosophie und Staatswissenschaften. Residiert seit 1986 in Berlin und lebte dazwischen längere Zeit in Brazil, Buenos Aires, Mexiko, New York, Marseille, Lima, Lisboa und Odessa.

Als Autor mit starkem Hang zu dramatischen Texten und textsezierenden Rezitationen bewegt er sich in seinem literarisch/ künstlerischen Schaffen meist im ortlosen Grenzbereich zwischen poetischer Prosa und peripheren Theater/Poesien.

Da wären wir also gelandet
In schweigenden Stürmen vibrierender Zeit
An der Grenze des Grenzenlosen Raumreisende
 Zeitreisende
In schwierigen Welten das Schnaufen uralter Drachen
Im Nacken oder wie Ikarus Träumer Erfinder als For-
 mel-1-Phönix
Auf den Highways unserer Gehirnströme unterwegs
Bis ins Herzinnerste bis an den Ursprung des Seins
Im Verschmelzungsprozess unserer Zellen nüchtern
Preisgekrönte Experten in technischen Rätselwäldern
Undercoveragenten des Göttlichen gierig und mächtig
Das macht sie so unheimlich und verdächtig.

Pardon ... ein Glas Wasser bitte... wäre das möglich
 ein Glas
Reinen Wassers zum Trinken zum Gurgeln zum Spülen?
Der Anfang des Lebens lässt sich wissentlich spüren.
Wie fühlt es sich an? Wie nah sind wir dran?
Weniger als einen Katzensprung von Menschmutationen.
Dann kann sie beginnen die Produktion von Treibhaus
Babys in gengesicherten Wachstumsschoten
Like the invasion of the body snatchers
Man wird ihnen das Geschrei die Süchte
Das Sehnen das Wünschen wegzüchten
Gut so stört nur die Nachbarn und macht
Das Leben im allgemeinen sicher bequemer.
Man möchte meinen es handelt sich um ein
In den Schweißwüsten der Hirne irregeleitetes Schiff.
Die Blindheit der Wiederspiegelungen im Spiegel.
Wie ein in vollendeter Schönheit aus dem Meer
Auftauchender weiblich-männlicher Replikant
Als Entgleisung manifestierter Unwiederbringlichkeiten

Paul M. Waschkau

ZWISCHEN WELTEN

Mit Haltbarkeitsdatum futural unbekannt.
Die Seher haben wie immer ihre Arbeit geleistet
Und uns gewarnt schon vor langem. Was aber hat es
 genützt?
Wir hören sie nicht überhören die Warnungen
Alter Warner sind vergebliche Träume Schäume
Filmisch aufpoliert fabriziert historisch verflossen
Verfault zerschossen nicht einmal kaufbar aber
Greifbar an jeder Ecke die Verwüstungen der Sinne
Der unaufhaltsame Verlust der sinnlichen Lust.

Scusa, mein Smartphone... ein Anruf aus einer fernen
Dimension ist zuweilen sehr nützlich. Ich unterbreche
Mal kurz – Hallo hallo I have a dream ... I have a dream
Ich verstehe nicht. You have a dream. You have a dream.
Das kommt mir bekannt vor – das ist alt - wer spricht?
Nun denn - vermutlich ein romantischer Dichter
Ach nein - ein Schwarzer, der zählt – nicht.

Also weiter... wo waren wir stehen geblieben?
Im Treibhaus im menschlichen Irrenhaus
Brutstätte giftiger Blüten Gespenster des Todes
Sie wachsen und wachsen und wachsen und wachsen
Weit über die Blumen des Bösen hinaus
Und in den Hauptstraßen des Glücks da stehen
Die Fleischbänke noch - das weiß schließlich ein jeder
Es gibt keine Gnade im Blitzen des Schlachtbeils
Es schlägt zu... zu zu zu ... es schlägt immerzu zu.

Da wäre endlich Zeit für ein spirituelles Gelage
Mit orgiastischen Tänzen Musik und viel Wein
Nicht zu vergessen der Applaus für visionäre Kommentare.

POETISCHE PLATZPATRONEN AUS DEM KRIEG DER GEZEITEN

PAUL M. WASCHKAU

Gibt es Lösungen? Die Geschichte schüttelt den Kopf.
Und der schwarze Dichter in seiner Zelle hungert und lacht.
Die Schmerzproduktion läuft auf Hochtouren weiter
Gäbe man all dem sich hin es wäre nicht zu ertragen
Aber als Experte in öffentlich-rechtlichern Redeanstalten
Selbst als Krisenmanager kann man über Mangel nicht klagen
Da bin ich gefragt, da hat man zu tun, da geht es ums Ganze.
Sorry - ich muss hier kurz durch diese Zone abhaken verlassen
Das Hassen fassen in Anistan der Uraine Ybien Alästina und Lyria klar
Nicht zu vergessen die organischen Zerreißungen in Euafasia
Bitte korrigieren und erweitern Sie die Aktualität dieser Liste!
Es wird Krieg geführt für die freie Zufahrt zum Meer genug
Argumente für den Kampf um die Vorherrschaft einer Düne
Oder Burgenlandschaft aus Sand an einem Strand Nackte
Leben verbrennen im Ausweglosen bei lebendigem Leibe
Böses Blut wird gekocht ein Massaker da ein Massaker hier
Das erledigen Spezialisten nebenher pures Fleischerhandwerk
Die Arbeit einer Eliteeinheit Kampfathleten trainiert
Fürs Schlachten ausgebildet und spezialisiert.

POETISCHE PLATZPATRONEN AUS DEM KRIEG DER GEZEITEN

Paul M. Waschkau

Fluchtwege sind da keine alle Korridore
Versperrt nur Gräber Lichter Schimmer
Und wenn in nächtlichen Fiebermomenten
Schädel über die gesäuberten Rasen
Der Vorgärten rollen und mit Schaudern
Schatten durch die tiefen Schlünde der
Nachtblumen schleichen liegen die Kinder
Mit ihren Laserkanonen längst abspulbereit
In ihren Betten und warten auf ihren Einsatz.

IN SCHWEIGENDEN STÜRMEN VIBRIERENDER ZEIT

Paul M. Waschkau

Stand der Dinge - wir sind auf der Suche nach Liebe
Auf der Suche nach einem leichten süßlichen Leben
Auf Händen Füßen und Knien gekrochen weite Strecken
Über Berge und Täler durch Flüsse Wüsten und Sand
Gerudert auf offenem Meer der Morgenröte entgegen
Gekentert an der Peripherie eines Landes halbtot krank.

Ja es ist wahr. Gefahrlos sind die Wüsten Städte
Schon lange nicht mehr zu durchschreiten
Der Krach im Gebälk das Krähengeschrei
Über den tundrischen Inseln ihr Flugbild im Nebel
Provoziert das Geheul der angeschossenen Macht.
Die fragt nicht lang nach, die kontrolliert und
Zerbombt das Niederzubombende nieder.
Eigene Bevölkerung hin eigene Bevölkerung her
Weiche Ziele leicht verschiebbare das ist hart und
    nicht fair
Aber schon morgen kräht deshalb kein Hahn mehr.

Allerorts gilt
Jeder Tod ist Mord
Jeder Tote reißt eine Lücke.
Das Menschliche igelt sich ein
Im Labyrinth uralter Einsamkeiten
Quälen wir uns quälen wir andere
Einige kriegen den Mund nicht voll
Genug die meisten nicht einmal mehr auf
Das Schweigen das Schweigen
Das Schweigen wird bleiben
Und Süchte vorläufig unausrottbar
Poetische geschlechtliche eifrige Süchte
Nach ozeanischen Wellenkonzerten
Nach weiblichen Brüsten nach

Paul M. Waschkau

IN SCHWEIGENDEN STÜRMEN VIBRIERENDER ZEIT

Den ekstatischen Wallungen der Geliebten
Machs noch mal leck mir die Knochen
Reiß mir das Fleisch von den Lippen
Mach schon streng dich an
Ich will es wissen ich will es wissen
Ist Liebe das Warnsignal
Für den kommenden Schmerz
Der Anfang vom Ende oder tausendmal
Stärker als alle zerrissenen Körper
Sag's mir sofort
Ich will es
Will es wissen
Selbst wenn wir
Schon gleich
Ins Totenhaus
Stürzen
Müssen.

Wolfgang Wurm

BEWÄLTIGUNG

*1972 in München, lebt heute als Lehrer für Deutsch und Geschichte und Autor von Lyrik in Nürnberg. Thematische Schwerpunkte seiner Texte sind neben Reflexionen im zwischenmenschlichen und jahreszeitlichen Kontext vor allem Reisebilder, Kunstbetrachtungen sowie Zeitkritisches.

Zahlreiche Veröffentlichungen in Anthologien und Zeitschriften. Preisträger u.a. in den Literaturwettbewerben „Werte, Kultur und Wirklichkeiten" (2005), „Mensch - Psyche - Natur" (2006) und dem 1. Ostsee-Lyrikwettbewerb Schweden-Deutschland (2009). Ausgewählter Beitrag „Vienna. Eine Stadt für den Herbst. Zehn Gedichte" im fza-Werkstattpreis 2007.

Sie kann nicht mehr schreien · An Flucht
Ist nicht zu denken · Man macht
Sich ihr gemein

Der man den Ausweis nahm, wird sich
Anverwandelt · In ihrem Namen
Ist Anstand wohlfeil

Jetzt ist sie unser · So viele Gerechte
Waren da lange nicht · Das Messer
Bleibt in der Tasche

Ein Requiem · Von Sponsorengeldern
Fühlen wir nicht alle wie du · Wenig
Später füllen wir Stadien

Bekenntnisse brüllend · Keine Widerrede
Dulden die Fackeln · Das Licht
Heiligte allzeit die Mittel

Erstdruck in:
„Ostragehege. Die literarische Arena", Nr. 73.
Dresden 2014.

Wolfgang Wurm ## RENAISSANCE

Nach Sanktionen
Gegen Schauspiel
Und Sexshop

Nach Schwärzung
Von Werbung
Und Weblog

Nach Schließung
Von Prater
Und Pinakothek

Blieben da noch

Die prallen Putten
Unter barocker Kuppel

Maria, stillend
Im Seitenaltar

Schöpfungsakt
Hinter dem Beichtstuhl

Ausgerechnet

Papisten verzeichnen
Lüsterne Scharen
In unaufhaltsamem Zulauf

Erstdruck in:
„Erostepost. Literaturzeitschrift", Nr. 49.
Salzburg 2014.

Wolfgang Wurm

GESINNTE

Aufseiten der Guten
Sind wir ganz unter uns
Betreff: betroffen
Man kennt sich

Aus gegebenem Anlass
Eine Resolution
Das Pressebild
Besser ohne Prosecco

Geladene Gäste
Spenden beiläufig Beifall
Gefallsucht
Findet Gefallen

Satzungsgemäß
Ein entschiedenes Jein
Zum Recht des Unrechts
Auf Würde

Erstdruck in:
„Asphaltspuren", Nr. 15.
Düsseldorf 2011.

Ausgewählte Gedichte anderer Talente

STRASSENLAMPEN

Daniel Buess

geboren 1970, aufgewachsen in Gelterkinden, Baselland, Schweiz. Buchhändlerlehre und Arbeit in Basel. 2002 Vorkurs und anschliessend bis 2006 Studium an der HGK Basel (Hochschule für Gestaltung und Kunst) mit Ausrichtung Bildende Kunst/Medienkunst. Ab 2006 Teilzeitjobs, u.a. als Grafiker, Auftragsfilmer und Buchhändler. Von 2008 bis 2011 Masterstudiengang „Publizieren und Vermitteln" an der Hochschule der Künste in Zürich. Seit August 2015 freier Mitarbeiter bei einer Lokalzeitung.

Unzählbar sind sie, unverzichtbar.
Nachts beleuchten sie die Strassen
massvoll und verlässlich. Sehr zum
Nutzen der Allgemeinheit, die sich
ihre Mobilität einiges kosten lässt.
Licht auf Licht zu beiden Seiten
unendlich verzweigter Bahnen,
gut montiert unter schwächlichen,
menschenfernen Sternen.

Man sagt: der Sicherheit wegen.
Damit keine Unfälle passieren.
Doch nein, das ist es nicht.

Der grösstmögliche Unfall,
dem Himmel sei's geklagt,
ist unvermeidlich.

All die Leute
oder sagen wir: Leuchten,
die sich jetzt noch so sicher fühlen
in ihren Lofts und Villen,
in ihren Verwaltungsräten,
Finanzausschüssen
und Bankengremien,
könnten dereinst an diesen
Lampen baumeln und
keinen Mucks mehr tun,
die krawattierten Hälse
endgültig zugeschnürt,
die Gier erloschen.

Wie praktisch ist doch so eine Strassenlampe!

MIT TAUSEND AUGEN

Werner Lutz Kunze

Der Autor steht im Polizeidienst am Flughafen Frankfurt.

ein fester Griff am Handgelenk, das kleine Mädchen weint, so junge Hölle, ein Bündel Mensch im Neuland, voller Angst, und Neugier, die Seele zerbombt, das Herz rausgerissen, der Körper gezeichnet, so sollte ein Leben nicht beginnen, voller Schmerz, Entbehrung, ohne Zukunft, nur mit einer Hoffnung, lange genug überleben um das Licht am Horizont zu greifen, ich gebe ihr ein paar Buntstifte und ein weißes Blatt Papier, was kann ich sonst schon tun, ihr Vater schaut mich an, „we save now, chokran", ich setze mich wieder an den Computer, blicke den Dolmetscher an, mache mit der Vernehmung weiter, Routine, Papierkram, Schicksale als Aktenbündel, abgeheftete Bürokratie, und kein Ende in Sicht,

dieser eingefallene Körper, eine ganze Familie stützend, knochige Finger halten die Zigarette verborgen, kein unnötiges Licht verursachen, sich verstecken um zu überleben, die Schule des Lebens, wie gut es mir geht, hier im gelobten Land, ein voller Kühlschrank, Licht und Wärme wann und wie ich will, die Möglichkeit überall hinzugehen, erhobenen Hauptes, ohne Scheu, ohne Angst haben zu müssen, der Vater des kleinen Mädchens blickt mich an, liest in meinem Gesicht, „you have thousand eye", ich lächle, drück meine Zigarette aus, der Wohlstand umströmt uns, blickt uns an, der Staat und der erklärte Angstgegner, ich lege meine Hand auf seine Schulter, lächle, wir müssen zurück ins Büro, die Arbeit wird nicht weniger, auch wenn ich mich davon überrannt fühle,

der Dolmetscher plaudert mit der Mutter, das kleine Mädchen sitzt am Schreibtisch, malt mit den Buntstiften

Werner Lutz Kunze   # MIT TAUSEND AUGEN

auf den gerade ausgedruckten Formularen, sieht zu mir auf, lächelt, ich setze mich zu ihr, nehme ein Blatt, ein brennender Panzer, ein halbes Haus, und Menschen ohne Kopf, in den leuchtenden Farben einer freien Welt gemalt, mein Herz zerreisst, ich streiche mit der Hand über den Rücken des Mädchens, sie wimmert leise los, erschrocken ziehe ich meine Hand zurück, ich spüre den Blick des Vaters an mich geheftet, er steht auf, kommt zu uns rüber, zieht den Pullover des Mädchens nach oben, ein frische Narbe, quer über den ganzen Rücken, das Mädchen blickt mich an, umarmt mich zärtlich, ich kann mich nicht bewegen, spüre die Beklommenheit in meiner Kehle, möchte laut aufschreien, eine Träne rollt stumm über mein Gesicht,

die Geräusche des Flughafens strömen durchs offene Fenster, es ist ein lauer Frühlingstag, freundlich und hell, meine Finger rattern auf der Tastatur, das kleine Mädchen schläft auf dem Schoß der Mutter, vermutlich der erste Schlaf seit langem ohne die Angst geweckt zu werden, der Dolmetscher geht das Vernehmungsprotokoll mit dem Vater durch, die Geschichte einer Flucht auf vier Seiten Papier, Sunniten gegen Shiiten, Shiiten gegen Sunniten, oder wie auch immer, Menschen mit Waffen gegen wehrlose Hände, der Onkel lebt in Schweden, hat die Flucht organisiert und bezahlt, die falschen Pässe, den Schleuser, die Verstecke, eigentlich sollte die Flucht bis Stockholm gehen, sechstausend Euro pro Person, dafür die Garantie bis Europa zu kommen, der Wahnsinn ist ein Spiel, die Gewinner stehen fest, Krieg und Menschenhandel haben es aufs Titelblatt des Forbes Magazine geschafft,

WERNER LUTZ KUNZE MIT TAUSEND AUGEN

Stundenlang bedrucktes Papier, Fingerabdrücke, Lichtbilder, Maßnahmen der Registrierung, das Telefon klingelt, die nächsten zwei Flüchtlinge werden gleich ins Büro gebracht, ich frage den Dolmetscher, ob er noch Zeit hat, er nickt, ich schließe den Aktendeckel, bin fertig mit der Familie, bringe sie noch raus zum Bus, kaufe Fahrkarten, eine jämmerliche Geste, warte bis der Bus abfährt, rauche eine Zigarette, das kleine Mädchen winkt zum Abschied, deine braunen Augen werde ich so schnell nicht vergessen, ich stehe auf dem Parkplatz, blicke ihnen nach, werde sie nicht wiedersehen, mich weiter um den nicht abreissenden Strom kümmern, drei gerettete Seelen, der Barmherzigkeit der Gesellschaft preisgegeben, und wieder frage ich mich, was ist mit denen, die nicht fliehen können, was ist mit denen, die nicht genügend Geld haben um das Monster Menschenhandel zu füttern, ich lebe am Rande des Traumas, trotte zurück ins Büro, zwei junge Syrer, ohne Papiere, von irgendeinem Flug, zwei Geschichten, ich blicke den Dolmetscher an, wir nicken uns zu, kennen uns mittlerweile beim Vornamen, der tägliche Trott will es so, Routine, jeden Tag ein bisschen mehr, wir fangen von vorn an, und ich frag mich wann ich anfange abzustumpfen…

Sarah Nitschmann # STREICHHOLZ

1998 in Regensburg geborgen und besucht derzeit die gymnasiale Oberstufe. Das Auseinandersetzten mit der deutschen Sprache und Kunst gehört seit zwei Jahren zu ihren täglichen Beschäftigungen und bereitet ihr viel Freude. Oftmals hält die Gestaltung von Texten und Gedichten sie vom Lernen ab.

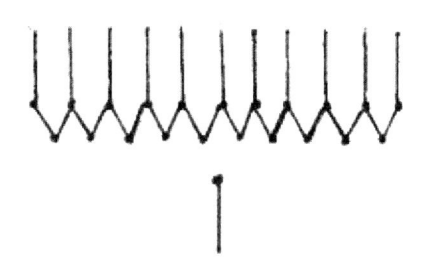

IHR UND WAS IHR KÖNNT

Sandra Overlack

geboren 2000, besucht die 10. Klasse TASIS – The American School of England, Thorpe

Hobbies: Ich tanze sehr gerne und mache das auch schon seit vielen Jahren, ich bin seit 3 Jahren jedes Jahr Teil einer Theateraufführung gewesen und auch das Schauspielen macht mir sehr viel Spass. Ausserdem habe ich seit 9 Jahren Klavierunterricht und ich schreibe und lese auch sehr gerne.

Schreib-Wettbewerbe: Eines meiner Gedichte ist an Weihnachten vor 3 Jahren in die Zeitung (BNN) veröffentlicht worden.

Schule: seit der 5. Klasse jedes Jahr einen Preis für gute schulische Leistungen.

Weil auch ich das alles sagen kann,
weil auch ich immer nur reden kann,
weil auch ich alles tun kann was ihr tut,
wenn ich hätte, was ihr habt:
ihr habt Macht, die ich nicht hab,
ihr habt Kraft, die ich nicht hab,
ihr habt Krieger, die ich nicht habt,
ihr habt Möglichkeiten, die ich nicht hab,
ihr habt Erfahrung, die ich nicht hab,
ihr habt Ahnung, die ich nicht hab,
ihr habt Geld, das ich nicht hab,
ihr habt so vieles, was ich nicht hab.
Und trotzdem, was macht ihr damit?
Wenn ich Macht hätte, würd ich Menschen bewegen,
  ich würde helfen und vergeben,
wenn ich Kraft hätte, würde ich retten, ich würde
  Feinde zusammenketten,
wenn ich Krieger hätte, würd ich sie gehen lassen, und
  alle Kriege lösen lassen,
wenn ich Möglichkeiten hätte, würd ich sie nutzen, ich
  würde ändern und beschützen,
wenn ich Erfahrung hätte, würd ich überdenken, und
  den anderen die meine schenken,
wenn ich Ahnung hätte, würde ich sie teilen und versu-
  chen die Welt zu vereinen,
wenn ich Geld hätte, würd ich es spenden, und ein
  Lächeln zu jedem senden,
wenn ich so vieles hätte: das, was ihr habt, würd ich
  so vieles tun, was ihr nicht macht.
Ich will was ändern, egal wie viel ich hab.
Ich will was ändern, egal, ob es klappt.
Ich will was ändern, weil es nötig ist.
Ich will was ändern, damit jeder glücklich ist.

Sandra Overlack

IHR UND WAS IHR KÖNNT

Ich will was ändern, ich will etwas tun,
nicht nur reden und dann doch nichts tun.
Ich werd' was ändern und ich hoff es so sehr,
nutzt was ihr habt, denn ihr könnt so viel mehr.
Nutzt was ihr habt, fangt an, wo ihr seid, sucht euch
 'ne Mission und verändert die Zeit.
Das geht jetzt wirklich um besser oder schlimmer,
Worte wirken heute, Taten für immer!

PLÄDOYER FÜR DEN LYRISCHEN ERSTSCHLAG

Manfred Schwab

Schriftsteller und Journalist, geb.1937 in Coburg. Elektrikerlfhre. Studium der Sozialarbeit in Nürnberg, der Soziologie, Pädagogik und Literaturgeschichte in Erlangen. Magister Artium. Tätigkeiten u.a. als Redakteur, Sozialpädagoge, Dozent, Bildungsreferent und Gewerkschaftsangestellter. 1972 bis 1989 Leiter der Nürnberger „Sprachwerkstatt". Langjähriges Mitglied im bayerischen Landesvorstand des Verbands deutscher Schriftsteller (VS). Mitglied im Werkkreis Literatur der Arbeitswelt. Verheiratet seit 1969, vier Töchter. Lebt in Gräfenberg/Ofr. und Castel Vittorio.

*Gewidmet dem Gedenken
an Günter Grass (1927-2015)*

...und einmal, als der greise Nobelpreisträger
tief besorgt um den Frieden der Welt
sein schuldbewusstes Schweigen brach
mit letzter Kraft in der ihm eigenen
viel gelobten poetischen Sprache
seine mahnende Stimme erhob um zu sagen
was er glaubte sagen zu müssen Da fiel
der Anderen Meinung willfährige Schar
ihn an bezichtigte züchtigte ihn
weil nicht sein sollte was möglicher Weise
wahr war

Von Alters her ist das Gedicht
ein Angebot an die Aufmerksamen
zu Gespräch und Gedankenaustausch
denn Wahrheit lehrt Habermas wächst
im herrschaftsfreien Diskurs

Was aber brachten die Kritiker vor
gegen dies anstößig friedliebende Poem?
Sie nannten es ekelhaft Scheinlyrik Pamphlet
einen Prosatext stümperhaft billig verschwurbelt
aufgeblasen voll Größenwahn
Sie beschimpften verdächtigten verunglimpften den
    Dichter
mutmaßten Motive unterbewusst aus
eingestandenen Jugendsünden und grenzenloser
Sehnsucht nach Aufmerksamkeit
Es mangelte sichtlich an besseren Argumenten
als jener Göttinger Denkmalbeschriftung

PLÄDOYER FÜR DEN LYRISCHEN ERSTSCHLAG

Manfred Schwab

„Günni halt's Maul"

Einer der wenigen sachlichen Einwände:
Der Autor verwechsle Ursache und Wirkung
Doch damit verhält es sich beinahe wie
mit der Henne und dem Ei:
Die Spirale der Gewalt wird nie unterbrochen
wenn man bloß fragt wer fing an

Freilich: man hörte auch andere Stimmen
meist von jenseits der Grenzen des Landes
Ein Besonnener meinte es gäbe da einen
Wettbewerb wer den Autor am besten
und am extremsten beschimpfen könne
Eine Autorin aus jenem Land
das ihrem Kollegen die Einreise verbat
nannte die Debatte kindisch, hysterisch
ein Landsmann, Historiker, erkannte gar
einen medialen Amoklauf
Ein Kritiker sprach von der schwärzesten Stunde
der deutschen Literaturkritik
und lobte den Autor als Minenspürhund
der deutschen Literatur

Fachleute zollten Anerkennung
der sprachlichen Qualität des Textes Das sei
ein gutes ein überfälliges tagespolitisches
Gedicht dessen metrische Grundstruktur
die Zeilen zu Versen mache, erstaunlich
leicht und genau nach der Lehre Bert Brechts

Wahr ist: besorgte Kommentare gab es
über die drohende Kriegsgefahr

PLÄDOYER FÜR DEN LYRISCHEN ERSTSCHLAG

Manfred Schwab

auch vor jenem Tabubruch-Gedicht
Aber keine der mahnenden Prosa-Stimmen
löste eine vergleichbar entlarvende
Debatte aus wie diese
engagierte Poesie

Ablenkend von Davids atomarer Schleuder
argwöhnte Einer der Autor habe
seines Namens Atommacht missbraucht
Ein anderer sprach von lyrischem Erstschlag
Mag Biermann in seiner Poetenperspektive
keine Angst vor Herz-Schmerz-Reimen zeigen
Ich habe andere Ängste drum liegt mir
am Herzen weil vielleicht heilsam dieses
zwar nicht lyrische aber notwendige
sprachmächtige
Erstschlag-Gedicht